Prix : o fr. 95 le volume

Le prochain volume à paraître

ALPHONSE ALLAIS

En Ribouldinguant

Illustrations de J. XAUDARO

LIBRAIRIE OLLENDORFF

50, Chaussée-d'Antin, 50

Les Petites Amies

de

M. St-Gratien

DU MÊME AUTEUR

Contes panachés . . . . 1 vol.

Valentine crue Zoé, comédie en un acte. . . . . . 1 vol.

Une Lecture, comédie en un acte . . . . 1 vol.

ADRIEN VÉLY

Les Petites Amies

de

M. St-Gratien

ILLUSTRATIONS DE P. DESTEZ

PARIS

SOCIÉTÉ D'ÉDITIONS LITTÉRAIRES ET ARTISTIQUES

Librairie Paul Ollendorff

50, CHAUSSÉE D'ANTIN, 50

Dans les Salons

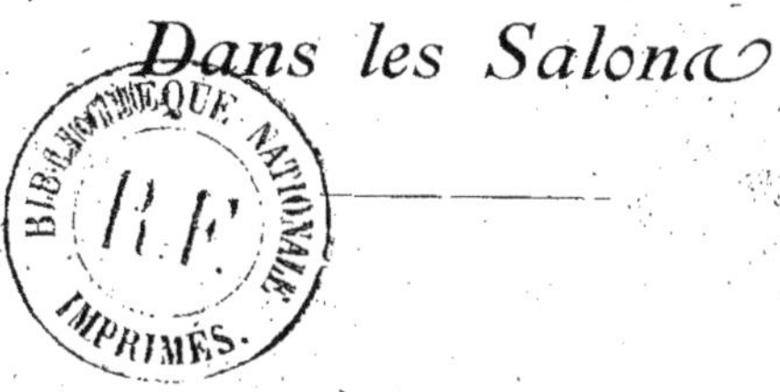

« Cher monsieur, avait écrit Estelle de Némorin à Clodomir Eloi, venez donc me voir un de ces soirs dans ma loge. Nous voudrions vous demander, mon camarade Saint-Gratien et moi, d'écrire à notre intention une petite comédie que nous pourrions jouer cet hiver dans les salons. Cela vous va-t-il? A bientôt donc, cher monsieur, à un de ces soirs. »

Si cela lui allait! Il était transporté de joie et d'orgueil le bon Clodomir Eloi. Car il n'avait jamais vu de sa vie ni Estelle de Némorin ni Saint-Gratien. C'était donc bien à sa réputation naissante d'homme de talent qu'il devait cette lettre très flatteuse de la gracieuse artiste.

Le soir même, il se rendait au théâtre des Fantaisies-Absentes, et demandait à la concierge à être introduit auprès de Mⁱˡᵉ Estelle de Némorin. La concierge le regarda d'un air méfiant et lui demanda sa carte. Clodomir la lui remit avec déférence, et peu de temps après la bonne femme, devenue aimable et souriante, conduisait Clodomir jusqu'à la porte de la loge d'Estelle de Némorin.

— Entrez donc! entrez donc! cher monsieur, s'écria la délicieuse enfant. Vous ne me gênez pas, et vous me permettrez d'achever de m'habiller tout en causant avec vous.

Et comme Clodomir Eloi, de plus en plus ému, pénétrait timidement dans la loge chaude et parfumée, elle lui mit gentiment la main sous les lèvres.

— Benoît, dit-elle à son habilleuse, allez vite chercher M. Saint-Gratien.

Deux minutes après, l'éternel jeune premier faisait à son tour son entrée dans la loge d'Estelle.

Celle-ci, les présentations faites, s'adressa à Saint-Gratien :

— Parle, toi... Tu expliqueras mieux à monsieur...

Saint-Gratien prit donc la parole.

— Monsieur, nous lisons avec beaucoup d'intérêt vos articles du *Crépuscule*. C'est très gentil...

— Très gentil, confirma Estelle.

— C'est charmant, conclut Saint-Gratien... Nous avons donc pensé à vous demander de nous faire une petite pièce

que nous transporterions dans les salons...

— Une pièce spirituelle, observa Estelle.

— Et littéraire... Enfin une pièce comme vos articles... Nous aurons beaucoup de soirées, et nous gagnerons tous les trois beaucoup d'argent...Alors, voici ce qu'il faut faire... Cherchez une idée, quelque chose de neuf et d'amusant... Et puis venez nous soumettre ça... Le plus tôt possible, c'est pressé... Il ne faut pas laisser passer les bonnes occasions...

— Pensez-vous avoir trouvé votre idée demain ? demanda Estelle.

— Mon Dieu... Peut-être...

— Je vous laisse jusqu'à après-demain... Nous faisons relâche... Vous viendrez avec Saint-Gratien dîner à la maison... sans cérémonie... en habit, à huit heures.

***

Le surlendemain, Clodomir Eloi, s'étant mis sur son trente et un, se rendit à huit heures précises chez Estelle de Némorin. Celle-ci, en toilette de dîner, décolletée, l'attendait dans un ravissant boudoir, en compagnie de Saint-Gratien, en habit à la dernière mode, une orchidée passée à la boutonnière.

A huit heures et quart, un maître d'hôtel irréprochable vint annoncer que le dîner était servi. Décidément, la maison était bien tenue.

Après le dîner, qui fut excellent, on revint dans le boudoir, où le café fut servi. Ces messieurs allumèrent d'excellents cigares, et Estelle grilla une mince cigarette de tabac russe.

— Et maintenant, mon cher Eloi, dit Estelle, nous vous écoutons.

— Racontez-nous votre chef-d'œuvre, fit Saint-Gratien.

— Je crois devoir vous prévenir, observa timidement Clodomir, que ce n'est qu'un embryon d'idée.

— Dites toujours... L'idée, tout est là... On n'a plus d'idées aujourd'hui.

Clodomir Eloi se leva, alla s'adosser à la cheminée, et commença à exposer le sujet de sa pièce.

Ainsi que le lui avait demandé Saint-Gratien, c'était une pièce littéraire. On y voyait une jeune femme, Edmée de Vimeuse, femme du célèbre romancier Vimeuse, jalouse des héroïnes créées par son mari. Et c'était un cas bien curieux de psychologie amoureuse, que cette jalousie cruelle, tyrannique, affolante, ayant pour objet des créatures d'imagination, de rêve. Le dénouement était d'une ironie supérieure. Vimeuse réussissait à calmer cette jalousie platonique ; mais Edmée, en revanche, devenait amoureuse de tous les héros des romans de son mari. La pièce finissait dans les larmes.

Estelle de Némorin et Saint-Gratien écoutaient très attentivement l'exposé de

— Est-ce qu'il n'y aurait pas moyen de m'intercaler une danse du ventre ?... Ça ferait un effet fou dans les salons...

— Mais, c'est que...

— Vous croyez peut-être que je me vante... Regardez...

Et elle se mit à exécuter une danse ab-

Clodomir Eloi. Quand ce fut fini, Saint-Gratien demanda :

— C'est fini ?

Et Clodomir répondit :

— C'est fini.

— C'est très gentil, dit Saint-Gratien.

— C'est très gentil, opina Estelle.

Puis un silence assez long suivit.

Estelle reprit :

— Dites donc, Eloi, il me vient une idée... Vous savez que je fais très bien la danse du ventre ?...

— Je l'ignorais... mais je sais que vous faites tout bien...

dominale d'une vigueur et d'un réalisme saisissants.

— Bravo !... Bravo !... fit Saint-Gratien...

— Et remarquez, ajouta Estelle, que j'ai mon corset... Quand je suis sans corset, c'est encore mieux...

— Croyez-vous, interrogea Clodomir, que mon sujet comporte une danse du ventre ?...

— Qu'est-ce que ça peut faire... D'un mot, vous n'avez qu'à l'amener.. Vous arrangerez cela.

Saint-Gratien bondit :

— Et moi, j'ai une idée épatante !... Une idée épatante !... Si j'accompagnais ta danse sur le trombone !... Car, vous savez, Eloi, que je joue du trombone !...

— Du trombone... à coulisses, naturellement, sourit péniblement Clodomir.

— Charmant ! s'esclaffa Saint-Gratien... Je vais vous faire entendre ça... J'ai toujours mon trombone sur moi, car bien souvent on me demande d'en jouer... C'est un instrument spécial que je me suis fait faire... Il se démonte en plusieurs pièces... En cinquante secondes, il est remonté... Tenez, le voici... Ecoutez-moi ça...

Et Saint-Gratien exécuta un assez long solo pour trombone.

— C'est merveilleux, fit Clodomir Eloi... Mais je ne vois pas très bien pour quelle raison le romancier Vimeuse pourrait se mettre à jouer du trombone.

— La raison, vous la trouverez... C'est la moindre des choses...

Il faudrait un petit quelque chose, tu ne trouves pas, Saint-Gratien !...

— Si... Une danse, par exemple...

— C'est ça ?... Une danse dans ce genre-là, par exemple !...

Et les deux artistes se mirent à gambader le plus furieusement du monde.

* *

Après trois semaines d'un travail acharné, Clodomir Eloi avait réussi à écrire sa pièce, en y intercalant une danse du ventre, un morceau de trombone et un petit chahut final.

Il se rendit donc le soir aux Fantaisies-Absentes, afin de demander à Estelle de Némorin un rendez-vous pour la lecture du manuscrit.

— Et puis, ajouta Estelle, la fin est un peu froide... Ça manque de mouvement...

Au bout d'une demi-heure d'attente, il fut reçu en la loge de la charmante artiste.

— Bonjour, monsieur Eloi, dit Estelle. Comment allez-vous?... Il y a un siècle qu'on ne vous a vu... Et quel bon vent vous amène ?

— D'abord, le plaisir de vous baiser

— Pas cette année!... Mais vous m'aviez dit que c'était pressé... M. Saint-Gratien lui-même...

— Saint-Gratien!... Il est extraordinaire, mon cher... En voilà un qui ne

les mains... Et puis je venais vous dire que ma pièce est finie...

— Votre pièce?... Quelle pièce?...

— Mais... la pièce dont je vous ai parlé l'autre soir... J'ai réussi, sans toucher au sujet ni à l'idée, à intercaler la danse du ventre, le morceau de trombone et le petit divertissement de la fin.

— Ah! bon... Ah! très bien... Parfait...

— Alors... je venais vous demander quand vous désirez que je vous donne lecture du manuscrit...

— Quand?... Pas cette année, en tout cas...

détellera jamais... Figurez-vous qu'il vient de disparaître en enlevant une petite femme du théâtre!... Personne ne sait où il est...

— Mais, vous, vous restez?

— Oui, mais Saint-Gratien parti, la combinaison était ratée, n'est-ce pas?... Alors Saint-Val m'a demandé de jouer avec lui, dans le monde, une petite bêtise de José-Maria de Hérédia... Et j'ai accepté.

— Eh bien! et ma pièce?

— Voulez-vous un bon conseil?... Elle est littéraire... Portez-la à Claretie...

L'Anniversaire de Racine

— Monsieur, dit le régisseur en entrant dans le bureau, avez-vous pensé que nous allons avoir bientôt l'anniversaire de Racine?

M. Saint-Gratien, directeur du théâtre municipal de la petite ville de Rubis-sur-l'Ongle, se renversa dans son fauteuil :

— Eh bien! qu'est-ce que vous voulez que cela me fasse?

— Je ferai respectueusement observer à Monsieur le directeur que Monsieur le directeur touche de la ville une subvention annuelle de six cents francs pour donner au théâtre municipal des matinées classiques populaires. Je crois donc que Monsieur le directeur ne peut faire autrement que de célébrer cet anniversaire.

— Ils m'embêtent avec leurs matinées classiques populaires !... Je leur ai flanqué la *Dame de chez Maxim* et la *Grâce de Dieu*, et ils ne sont pas encore contents?...

— La question n'est pas là, Monsieur le directeur... Chacun sait ici qu'il n'y a que des éloges à adresser à votre habile et intelligente gestion... C'est pourquoi, je crois qu'il serait à la fois utile et adroit de reconnaître les libéralités de la ville à votre égard en célébrant l'anniversaire de Racine...

— Mais comment voulez-vous que je le célèbre, ce bougre d'anniversaire?...

— D'ordinaire, dans les théâtres de Paris, à l'Odéon, entre autres, à l'époque où j'en faisais partie, on représente un à-propos en vers dû à un jeune poète plein d'espérance, et l'on couronne ensuite le buste du poète, en présence de toute la troupe, vêtue de costumes du temps...

— Est-ce que vous vous fichez de moi, Firmin ?... Un à-propos en vers dû à un jeune poète, où voulez-vous que je trouve ça ici?...

— Mais il me semble que moi-même...

— Vous ?... D'abord, vous n'êtes pas jeune... Pour ce qui est d'être poète, j'aime mieux vous croire que d'y aller voir...

— Mais, Monsieur le directeur...

— Suffit... Qu'est-ce qu'il a fait, en somme, ce Racine?... Des pièces comme tout le monde ?...

— Des tragédies, Monsieur le directeur, de superbes tragédies...

— Qu'est-ce qui lit ça, aujourd'hui?... Je vous le demande...

— Moi, Monsieur le directeur... Voici ses œuvres complètes, un de mes livres préférés.

— Ce petit bouquin?... Eh bien! il ne s'est pas foulé, votre Racine !... Enfin, laissez-moi ça... J'y jetterai un coup d'œil.

— Alors vous approuvez, vous adoptez mon idée ?...

— Dame, du moment que ça se fait à Paris, on peut bien servir ça ici... Et puis, d'ailleurs, ça ou autre chose...

— Et vous voulez bien que je me charge de la composition du programme ?...

— Ah ! ça, non, par exemple !... Un à-propos de vers, des costumes du temps... Ça nous coûterait les yeux de la tête ! Et je ne veux pas dépenser un centime, pas un centime, entendez-vous ?... Je vais étudier la question moi-même, et je m'en vais vous élaborer un de ces programmes qui ne sera pas piqué des hannetons, je vous le garantis !...

— Je me fie à la haute compétence de Monsieur le directeur.

— Il y a bien la question du couronnement du buste de votre ami... de chose... de Racine... Cela me paraît indispensable... Et, pour cela, il nous faut un buste...

— Il me semble qu'en écrivant à Paris...

— Oh ! naturellement... Seulement est-ce que c'est vous qui le paierez, ce buste ?... Non, n'est-ce pas ?... Ce sera encore le père Saint-Gratien !... Il faut nous arranger autrement... Voyons, nous avons, au foyer, le buste de la République... Est-ce qu'on ne pourrait pas le couronner ?

— Monsieur le directeur, cela me fend le cœur... Quand je pense que, pour une pièce de douze francs, on pourrait avoir un si beau buste en plâtre de Racine, avec sa magnifique perruque Louis XIV !

— Une perruque ?... Vous en collerez une à la République... Ça nous fera un superbe Racine !

— Mais, Monsieur le directeur !...

— Voilà qui est entendu... Occupez-vous du buste de la République et de la perruque... Et, maintenant, laissez-moi seul... J'ai besoin de bûcher la question du programme... Je vais commencer par lire votre bouquin... Allez, Firmin...

*

Resté seul, M. Saint-Gratien entreprit de lire les œuvres complètes de Jean Racine. Mais, ainsi qu'il venait de le faire

entendre à Firmin, les vers n'étaient pas son fort, et il affectait même pour eux un certain mépris.

Aussi se borna-t-il, pour commencer, à jeter les yeux sur la table du volume.

Puis il se mit à réfléchir profondément.

Au bout de quelques instants, il se leva. M. Saint-Gratien était de ces hommes qui ne peuvent réfléchir dans l'inaction. Les idées ne lui venaient qu'en marchant.

Il prit son chapeau et se rendit sur le mail qu'il se mit à arpenter de long en large, la tête baissée, les mains croisées derrière le dos, sans voir personne.

Les Rubiconds — c'est ainsi que l'on appelle les habitants de Rubis-sur-l'Ongle — habitués à considérer, en M. Saint-Gratien, un homme bien élevé, courtois, saluant les gens plutôt deux fois qu'une, n'en croyaient pas leurs yeux. M. Saint-Gratien venait de les croiser à diverses reprises, et il n'avait même pas porté la main à son chapeau.

— Qu'a donc M. Saint-Gratien ? se demandaient-ils. Il n'est pas dans son assiette.

Soudain, M. Saint-Gratien sembla prendre un parti !

Il quitta le mail et se rendit sur le quai, où la foire se tenait.

Il entra successivement au cirque des Familles, au théâtre des Merveilles animées, au théâtre forain des Folies-Bergère, dans la baraque des Surprises de la science.

Puis il quitta le champ de foire, remonta, perpendiculairement aux quais, la rue de la Manutention, tourna à droite, par la rue des Dames-Protectrices, et pénétra à l'Olympia-Coquenard, le plus grand en même temps que le seul café-concert de Rubis-sur-l'Ongle.

M. Saint-Gratien faisait là une chose extraordinaire.

En quelques secondes, il reniait tout son passé.

M. Saint-Gratien, en effet, n'avait jamais mis et n'avait jamais voulu mettre les pieds Olympia-Coquenard.

Il avait toujours affecté de considérer cet établissement comme n'existant pas. Quand quelqu'un en parlait devant lui, il paraissait ne point comprendre.

que c'est que cela ?... Cela existe donc ?

Or, l'Olympia-Coquenard existait, et au grand dam de M. Saint-Gratien, car il faisait au théâtre municipal une désastreuse concurrence, en raison de ce que le directeur, M. Coquenard, avait eu l'heureuse idée d'installer dans l'immeuble un hôtel garni communiquant directement avec

les coulisses.

M. Saint-Gratien, surmontant ses répugnances, franchit donc le seuil de l'Olympia-Coquenard, et resta

Pour un peu, s'il n'avait craint qu'on lui repondît, il aurait demandé :

— L'Olympia-Coquenard, qu'est-ce une demi-heure enfermé avec M. Coquenard.

.· .

Bientôt le bruit se répandit dans Rubis-sur-l'Ongle que le théâtre municipal préparait une représentation extraordinaire pour célébrer l'anniversaire de Racine. On en parla, le soir, au café du Commerce.

Le sous-préfet fit retenir une loge.

THÉATRE MUNICIPAL DE RUBIS-SUR-L'ONGLE

Ce soir, pour l'anniversaire de Jean RACINE (avec l'autorisation de M. le Sous-Préfet)

GRANDE REPRÉSENTATION EXTRAORDINAIRE

AVEC LE CONCOURS DES PRINCIPAUX ARTISTES DES THÉATRES DE PARIS

PROGRAMME DE LA SOIRÉE

LES FRÈRES ENNEMIS
Grande séance de lutte à mains plates
entre ETÉOCLE le Coltineur
et POLYNICE, de Saint-Gaudens

M. ALEXANDRE
Dans son travail de haute école sur son
cheval Bajazet

Britannicus, le Briseur de Chaînes

IPHIGÉNIE & ANDROMAQUE
DU CASINO DE PARIS
Travail aérien, sur le fil de fer

MITHRIDATE, le Roi du Pont
Dans son merveilleux exercice du pont vivant
exécuté seul

LES SISTERS BÉRÉNIS'S
Dans leurs Danses et Chansons
anglaises

La Belle ESTHER
Femme colosse âgée de dix-sept ans

PHÈDRE et HIPPOLYTE
Jongleurs et Équilibristes japonais

LE SONGE D'ATHALIE
Grande fantaisie anglaise
par les PLAIDER'S, comiques excentriques
des cafés-concerts
de Londres

On terminera par **le Couronnement du Buste de Racine**
PAR TOUS LES ARTISTES

Ce fut un événement, car, jamais, jusqu'alors, le sous-préfet ne s'était rendu au théâtre, vu ses démêlés constants avec le conseil municipal.

Aussitôt chacun voulut faire comme le représentant du gouvernement et assister à la représentation extraordinaire.

Le bureau de location fut assiégé, ce qui ne s'était pas vu depuis Louis-Philippe, le jour de la représentation de gala à laquelle avait assisté le duc d'Orléans.

Les dames se firent faire des toilettes.

Modistes et couturières furent sur les dents.

Enfin le jour de la représentation arriva.

Le matin, de grandes affiches furent apposées sur les murs de la ville.

La soirée fut d'un bout à l'autre un vrai triomphe. Néanmoins M. Saint-Gratien se vit retirer, le lendemain même, la subvention annuelle de 600 francs que lui allouait la ville, dans le but de faire connaître aux Rubiconds les chefs-d'œuvre de notre littérature.

Le Roi Nabuchodonosor?

A la suite de sa fâcheuse histoire de l'anniversaire de Racine, mon ami M. Saint-Gratien, directeur du théâtre municipal de Rubis-sur-l'Ongle, est venu se fixer à Paris, où il a fondé une agence dramatique.

Je le trouve souvent, à l'heure de l'apéritif, au café de Suède, et nous nous livrons, avant le dîner, à d'interminables parties de matador. Parfois, quand M. Saint-Gratien est en verve, nous laissons là les dominos, et il me raconte quelqu'une de ces piquantes anecdotes dont fourmille sa vie d'artiste et de directeur.

L'autre soir, comme nous étions en train de jouer, un vieux comédien passa devant notre table et se découvrit avec humilité. Aussitôt qu'il eut le dos tourné, M. Saint-Gratien brandit dans sa direction son index et son petit doigt tendus en forme de cornes.

— Que veut dire cette mimique? interrogeai-je; que vous a donc fait ce pauvre Clairval, pour que vous le menaciez ainsi?

— Ne savez-vous donc point qu'il a le mauvais œil?

— Vous croyez donc à ces balivernes?

— Si j'y crois! J'ai subi les effets de la néfaste influence de Clairval... Je suis donc payé pour y croire... Je puis même plus justement dire que c'est moi qui ai payé pour cela.

— Ah bah!... Alors... un *jettatore?*

— C'est toute une histoire. Je vais vous la raconter. Il y a vingt ans, je dirigeais le théâtre municipal de Rotrou-le-Nogent. Le théâtre de Rotrou-le-Nogent était alors considéré comme une excellente affaire. Une population riche et lettrée, beaucoup d'officiers et par conséquent beaucoup de demi-mondaines : la salle ne désemplissait pas.

« J'avais, dans ma troupe, Clairval, qui, ainsi que moi, ainsi que vous-même d'ailleurs et que beaucoup d'autres per-

sonnes, avait à cette époque vingt ans de moins qu'aujourd'hui. C'était alors un grand beau garçon.

« — Tu as engagé Clairval? me dirent « quelques amis au moment où je quit- « tais Paris pour aller prendre posses- « sion de mon théâtre. Tu as tort. Il « paraît qu'il a le mauvais œil.

« — Tant mieux! m'écriai-je, nous « ferons beaucoup d'argent. »

« Il fau' dire que j'étais alors aussi

peu superstitieux que je le suis devenu aujourd'hui. J'avais une prédilection marquée pour les vendredis, et pour le chiffre 13. Aussi considérai-je comme une véritable bonne fortune de posséder dans ma troupe un acteur ayant la réputation d'avoir le mauvais œil.

accès de folie inconsciente ? En tout cas, voici les faits, et vous allez en juger:

« Nous représentions le *Misanthrope*, et je jouais moi-même le rôle d'Alceste, d'une manière tout à fait remarquable, d'ailleurs. La soirée s'annonçait fort bien. Le public, malgré le pluie qui tom-

« Au commencement, les événements semblèrent me donner raison. Je faisais tous les soirs le maximum. Quant à Clairval, c'était un excellent pensionnaire, sauf que c'était un vrai gamin, toujours prêt à faire quelque fumisterie à ses camarades. Il n'y avait pas de bateau qu'il ne leur montât, de mystification dont il ne les rendît victimes.

« Mais personne ne se fâchait, d'abord parce que ses plaisanteries étaient toujours spirituelles, ensuite parce qu'il ne dépassait jamais les limites permises.

« Pourtant, un soir, il les dépassa, et dans des conditions intolérables. Avait-il trop bu à son dîner ? Fut-ce chez-lui un

bait à torrent, était venu très nombreux pour applaudir le chef-d'œuvre de Molière. A chaque instant, la salle éclatait en applaudissements, dont je prenais la part qui me revenait légitimement.

« Nous en étions au quatrième acte, à la grande scène de jalousie entre Alceste et Célimène. L'émotion du public était à son comble, à l'audition de ces tirades enflammées que je déclamais avec un si poignant accent de douleur. Célimène se défendait de son mieux.

« Tout à coup, voici que la porte du fond s'ouvre et que je vois entrer Clairval, le pantalon crotté et relevé, le col du pardessus monté jusqu'aux oreilles,

le chapeau sur les yeux, un parapluie dé-
gouttant à la main. Je vous laisse à juger de la surprise générale à la vue de
ce monsieur, en costume de nos jours,
couvert de boue et de pluie, pénétrant
dans un salon du XVIIᵉ siècle, et venant
déranger Alceste et Célimène.

« Je pense à quelque erreur involon-
taire de Clairval, je me dis qu'il faut sau-
ver la situation à force de sang-froid, et
je continue imperturbablement ma ti-
rade. Mais Clairval, au lieu de se retirer,
ferme doucement la porte derrière lui,

« tonnante, votre conduite est indigne !
« Il est des plaisanteries qu'un artiste,
« qu'un honnête homme ne peuvent se
« permettre ! A partir d'aujourd'hui, vous
« ne faites plus partie de ma troupe ! Je
« vous résilie ! Allez-vous-en !

« — Monsieur Saint-Gratien, me ré-
« pondit-il d'une voix calme, vous me
« renvoyez?... C'est bien convenu?...
« bien entendu ?... C'est parfait... Cela
« ne vous portera pas bonheur, mon-
« sieur Saint-Gratien, cela ne vous por-
« tera pas bonheur... »

« Et il s'en va sans se retourner.

« Je sonnai immédiatement mon régisseur général et je lui dis :

« — Vous savez, Firmin, M. Clairval
« ne fait plus partie de la troupe. »

descend tranquillement la scène et vient
se placer entre Célimène et moi. Je
reste bouche bée, cette fois-ci, pétrifié
d'étonnement.

« Clairval regarde Célimène, puis il
me regarde, comme s'il cherchait à nous
reconnaître. Il semble embarrassé. Tout
à coup, il a un geste brusque, retire son
chapeau, et s'inclinant devant nous :

« — Oh! je vous demande mille par-
« dons, dit-il d'une voix obséquieuse. Je
« me suis trompé d'étage. »

« Et il s'en va tranquillement, comme
il est venu.

« Tapage, exclamations, coups de
sifflet; on dut baisser le rideau.

« Je rentrai furieux dans mon cabinet,
et, sans prendre le temps de changer de
costume, je fais appeler Clairval :

« — Monsieur, lui dis-je d'une voix

« Et voilà Firmin qui lève les bras au
ciel :

« — Comment allons-nous faire, mon-
« sieur Saint-Gratien ! Et notre première
« de demain? »

« Dans mon emportement, j'avais tout
à fait oublié que je donnais le lendemain
même la première représentation de la
célèbre féerie : *La Chute de Ninive*, et
que Clairval y jouait un rôle, celui du
roi Nabuchodonosor.

« — Diable, diable ! fis-je, je n'avais
« plus pensé à cela. Mais, au fait, le
« rôle n'est pas très important...

« — Assurément, répondit Firmin, il
« n'y a qu'une phrase à dire. Seulement
« il faut être bel homme et il faut avoir
« de la tenue. C'était tout à fait l'affaire
« de Clairval...

« — N'avez-vous personne sous la main

« — Dans la troupe, non, vous savez « que tout le monde est pris... Ah !...

« — Quoi ?...

« — Et Jules !...

« — Quel Jules ?...

« — Le machiniste... C'est un grand « gaillard, mince, qui porterait bien le « costume.

« — Faites-moi venir Jules... »

« Quelques instants après, Jules était « devant moi, roulant sa « casquette entre ses « doigts.

« — Jules, fis-je. Voulez-vous gagner « dix francs demain, en dehors de vos « appointements ?...

« — Dix francs ?... « Oh ! pour sûr que oui, « monsieur Saint-Gra- « tien...

« — Eh bien ! Jules, « voici ce que vous aurez « à faire... Demain soir, « M. Firmin vous fera « revêtir un costume « superbe. Au moment « où il vous fera signe, « vous aurez tout bon- « nement à entrer en « scène, et à dire cette « simple phrase : « Je « suis le roi Nabuchodo- « nosor. »

« — S'il vous plaît ?...

« — Je suis le roi « Nabuchodonosor ! »

« Attendez, je vais vous « écrire la phrase... Voi- « ci... A peine aurez-vous « dit ces mots, que le rideau baissera. « Vous irez rendre votre costume à

« M. Firmin qui vous donnera dix francs... « C'est entendu ?...

« — Pour sûr, monsieur Saint-Gra- tien !...

« Le lendemain, Jules vaqua à ses occupations habituelles. Mais il semblait légèrement préoccupé. Il tenait à la main le papier que je lui avais remis la veille, et de temps en temps il y jetait les yeux. Puis il répétait à mi-voix :

« — Je suis le roi Nabuchodonosor... « Je suis le roi Nabuchodonosor... S'agit « de gagner mes dix francs... »

« De mon côté, j'avais tout fait pour dissiper dans la ville la mauvaise im- pression produite, la veille, par la frasque de Clairval. J'avais fait annoncer bruyamment son renvoi. J'a- vais fait pa- raître dans

l'*Impartial* une lettre d'excuses à mes fidèles spectateurs.

« Le soir venu, les habitants de Rotrou-le-Nogent ne manquèrent point de venir assister à la première représentation de la *Chute de Ninive*. Le public était houleux, mais assez calme, en apparence. En somme, on était assez disposé à me faire crédit, et à me pardonner la malencontreuse soirée de la veille, à condition que tout se passât bien ce soir-là.

« J'étais donc fort tranquille, car j'avais monté cette pièce avec le plus grand soin. J'avais fait des frais de décors et de costumes. La troupe était bonne. Tout semblait donc devoir marcher à merveille.

« En passant dans les coulisses, je rencontre Jules, déjà revêtu de son superbe costume.

« — Eh bien ! Jules, ça va ?

« — Ça va, monsieur Saint-Gratien ! »

« Et le bon Jules, tout le temps que durèrent les deux premiers actes, se promena de long en large, en redisant :

« — Je suis le roi Nabuchodonosor...

« Je suis le roi Nabuchodonosor... S'agit « de gagner mes dix francs... »

« Enfin, le moment solennel arriva.

« — A toi, Jules !... Et attention !... s'écria Firmin. »

« Et il poussa Jules en scène.

« Le malheureux eut, alors, comme un éblouissement. Un trac intense le saisit à la gorge et lui paralysa le cerveau. Il lui sembla que les lumières et les spectateurs dansaient devant lui. Il ouvrit la bouche, et des sons inarticulés s'en échappèrent :

« — Je suis... le roi... Nabocu... le roi... « Naboducu... le roi.... Nabuducono... »

« Et revenant soudain à lui :

« — Je suis-t-un cochon !... J'ai perdu mes dix francs !... »

« Et il s'enfuit comme un fou.

« Le scandale fut énorme. Mon théâtre fut mis à l'index. Je fis ma première faillite.

« Avais-je raison de vous dire que Clairval avait le mauvais œil ? »

Le Théâtre Balnéaire

La jolie station d'Eczéma-les-Douches voit la saison s'ouvrir cette année bien plus tôt que de coutume, à cause de l'Exposition.

Déjà de nombreux baigneurs, fatigués par les longues visites au Champ-de-Mars, et par la nourriture des restaurants, s'en vont se reposer dans ce coin délicieux, situé dans une région d'un pittoresque incomparable.

Les hôtels regorgent de monde, aussi fera-t-on bien de retenir ses chambres à l'avance.

Douches, soucieuse de listraire les nombreux baigneurs attirés par l'Exposition dans cette jolie station, s'est ingéniée à réunir des attractions de toute sorte.

Nous en donnerons prochainement le programme détaillé.

*
* *

Parmi les notabilités descendues au Grand-Hôtel d'Eczéma-les-Douches, signalons : comte et comtesse de la Goutte-d'Or, comte de San-Galeta, Ta-

La direction du Casino d'Eczéma-les-

bouchbé-Bey, duc et duchesse Vomito y Pecacuana, M. Letour du Bâton, marquise de Ladesche d'Auray, baron et baronne de Crécy-Purey, major Toutalas, prince Thyra V, Mme et Mlle de Tikado, lord Ettunchimmer, Harry Cover, M. Serge Andwill.

La saison théâtrale s'annonce brillamment à Eczéma-les-Douches. La direction vient d'engager le célèbre chef

d'orchestre Alamanque, avec tout son orchestre espagnol.

**

Voici la liste des pièces qui seront représentées, durant le cours de la saison, au Casino d'Eczéma-les-Douches : *Faust, la Grâce de Dieu, la Dame de chez Maxim, les Deux Sourds, Madame Sans-Gêne, Lohengrin, Trente ans ou la vie d'un joueur, les Noces de Jeannette, Ferdinand le Noceur, la Walkyrie, les Fossiles, l'Anglais tel qu'on le parle, Il ne faut jurer de rien, la Légion étrangère, Un amant délicat, les Filles de marbre, la Dame aux Camelias, Cavalleria rusticana, Voilà pour Longchamp, A qui l'enfant, les Deux Gosses, les Maris de Léontine, Zaza, la Perle de la Canebière, Hernani, les Cloches de Corneville.*

De nombreuses pièces viendront encore s'ajouter à cette liste.

**

Talleyrand se plaisait à dire à ses subordonnés : « Pas de zèle ! »
Et il avait bien raison.

Pourtant, est-ce faire preuve de zèle, ou n'est-ce pas plutôt rendre tout simplement hommage à la vérité, que de signaler les cures merveilleuses accomplies par les eaux d'Eczéma-les-Douches (source Saint-Frusquin) souveraines pour le traitement des maladies nerveuses.?

**

La direction du Casino d'Eczéma-les-Douches vient de faire remettre complètement à neuf ce coquet établissement. — La salle de spectacle, entre autres, a été entièrement repeinte, et l'on a remplacé tous les fauteuils d'orchestre.

**

La partie est très animée au cercle du Casino d'Eczéma - les - Douches. Cette jolie station n'est-elle pas le paradis des joueurs ?

*
* *

La direction du Casino d'Eczéma-les-Douches vient d'engager à de très belles conditions M. Saint-Gratien, le célèbre jeune premier, directeur de la fameuse agence dramatique qui porte son nom.

« Il faut manger pour vivre et non vivre pour manger », disait Harpagon, et il avait bien raison. Ceux qui mangent pour vivre se portent bien, sont légers, dispos, digèrent à merveille. Ceux qui vivent pour manger ont, au contraire, des digestions lourdes, des étourdissements, de la dilatation, et sont envahis par un embonpoint précoce. Et ils sont, hélas ! les plus nombreux. Heureusement qu'ils peuvent être sûrs de revenir à la santé en allant boire, à leur source même, les eaux merveilleuses d'Eczéma-les-Douches (source Saint-Frusquin), souveraines pour le traitement des maladies d'estomac.

*
* *

Voici le tableau de la troupe engagée,

pour la saison, par la direction du Casino d'Eczéma-les-Douches.

Troupe de comédie, de vaudeville et de drame :

MM. Saint-Gratien, Moncontour, Clairval, Saturne, Dick, Macoulade, de Raymond, Macache ; Mmes Estelle de Némorin, de Montpensier, Clara, Salvarot Rosette, Miranda, Pichenette, Darling, Juliette.

Troupe d'opéra et d'opéra-comique :

MM. Clairval, Saturne, Moncontour, de Raymond, Saint-Julien, Macoulade, Macache, Dick ; Mmes Darling, Miranda, Estelle de Némorin, Pichenette, Juliette, de Montpensier, Salvator Rosette, Clara.

*
* *

La troupe du Casino d'Eczéma-les-

Douches a quitté Paris hier matin dans un train spécial qu'avait commandé pour elle la direction du Casino.

Les fouilles commencées si heureusement l'année dernière à Eczéma-les-Douches, la jolie station balnéaire, se poursuivent sous la direction d'une commission scientifique locale. On vient de mettre à jour toute une collection très curieuse d'ustensiles de ménage de l'époque gallo-romaine.

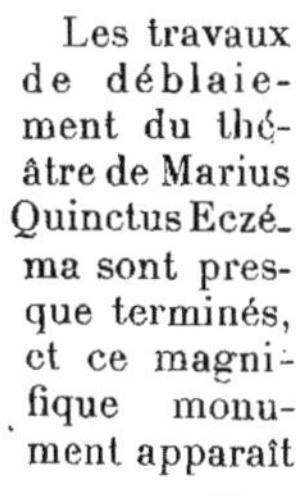

Les travaux de déblaiement du théâtre de Marius Quinctus Eczéma sont presque terminés, et ce magnifique monument apparaît

aujourd'hui dans un état de conservation parfait.

La direction du Casino d'Eczéma-les-Douches compte y donner prochainement, avec son excellente troupe, des représentations antiques, pour lesquelles elle s'est assuré le concours de M. Mounet-Sully.

Ajoutons que c'est au pied du *proscœnium* même que fut découverte, il y a bientôt dix-huit mois, la célèbre source Saint-Frusquin, dont l'eau est souve-raine pour le traitement des maladies de la peau, dartres, acné, herpès, affections du cuir chevelu, etc.

Les répétitions ont commencé au Casino d'Eczéma-les-Douches. La direction compte ouvrir la saison théâtrale, avec un programme sensationnel composé de : *les Deux Sourds, les Noces de Jeannette,* avec le concours de M. et Mme Saladin, des grands concerts de Paris, prestidigitateurs et équilibristes.

On peut louer par télégraphe.

* *

Les concerts symphoniques ont commencé dans le superbe parc du Casino d'Eczéma-les-Douches, sous la direction du maëstro Alamanque.

* *

L'administration des chemins de fer économiques de la Basse-Pègre organise un voyage d'excursion à prix réduits pour Eczéma-les-Douches, la jolie station balnéaire. Dans le prix du voyage sont compris le séjour à l'hôtel, les repas, une excursion dans les environs, avec visite des *Cascades du Casino,* de la gigantesque *Chute de l'Impresario,* des *Passes de l'Echéance,* du *Gouffre de Fiasco,* et une soirée passée au Casino avec représentation théâtrale composée des *Deux Sourds,* des *Noces de Jeannette,* avec le concours de M. et Mme Saladin, des grands concerts de Paris, prestidigitateurs et équilibristes.

* *

L'autre jour, sur la terrasse du Casino d'Eczéma-les-Douches, on parlait de la circulaire du ministre de la Guerre, interdisant la consommation de l'alcool dans les cantines.

— Cela est parfait, observa spirituellement le comte de Bigorneau ; mais le ministre aurait dû, en même temps, prescrire la consommation des eaux d'Eczéma-les-Douches (source Saint-Frusquin), souveraine pour le traitement des maladies du foie et de la rate.

— Et pour combattre la stérilité, ajouta, rougissante, lady Booffec, cette exquise Parisienne de Londres.

**

La saison bat son plein à Eczéma-les-Douches.

Tous les jours, le chemin de fer amène de longues théories de baigneurs venus pour se reposer en respirant un air pur, en buvant les eaux salutaires de la source Saint-Frusquin, en assistant aux représentations théâtrales du Casino.

La direction compte donner jusqu'à la fin de la saison les *Deux Sourds* et les *Noces de Jeannette*, dont le succès augmente tous les jours et prend les proportions d'un véritable triomphe. Elle a aussi renouvelé, à de très brillantes conditions, l'engagement de M. et Mme Saladin, des cafés-concerts de Paris, prestidigitateurs et équilibristes.

**

Boire le matin, en se levant, un grand verre d'eau d'Eczéma-les-Douches (*source Saint-Frusquin*).

**

L'établissement et le Casino d'Eczéma-les-Douches viennent de fermer leurs portes.

La France devant l'Étranger

Mon ami Saint-Gratien vient de recevoir de Mlle Estelle de Némorin, la célèbre artiste française, la lettre suivante qu'il me confie et que je me fais un devoir et un plaisir de publier intégralement :

« Mon cher ami,

« Me voilà donc revenue de ma grande tournée à travers l'Europe. Je suis enchantée, émerveillée de l'accueil qui m'a été fait partout. Partout on a tenu, en m'acclamant et en me fêtant, à montrer que c'était la France que l'on fêtait et que l'on acclamait. Je devais au public français la relation de ce voyage vraiment triomphal, et je serai heureuse de la lui donner, grâce à vous qui avez des amis dans les journaux.

« Vous savez que mon itinéraire commençait par Berlin. J'avais longtemps hésité avant de consentir à me rendre dans la capitale de la Prusse. Mais, comme me le répétait souvent mon ami le baron Lagouthe-Comateuse, « l'art n'a pas de patrie ». Je suis donc allée à Berlin, et je ne m'en repens pas, car je puis dire que j'y ai été reçue de la manière la plus chaleureuse, et comme artiste et comme Française.

« Une surprise m'y était même réservée pour le jour de mon arrivée, qui devait être, en même temps, le jour de mes débuts. J'apprends, en me rendant au théâtre, que l'empereur avait fait retenir une loge pour le soir même. Je

vous avouerai, mon cher ami, que, bien que très flattée, je me serais bien passée de l'honneur que me faisait le monarque. Il y a des choses qu'une femme peut seule comprendre et sentir. « Mais, après « tout, ce n'est pas sa faute à ce petit, « me disais-je. Bien sûr, je n'aurais pas « été jouer devant son grand-père. « D'abord, je n'aime pas les vieux. Mais « lui, il paraît qu'il est très « chic et très doux avec les « femmes. »

« Je me préparai donc de mon mieux à paraître devant

le puissant empereur et je soignai tout particulièrement mes dessous, comme bien vous pensez.

« Quand je parus devant le public berlinois, je fus éblouie. Partout des uniformes, et des casques, et des décorations. J'aperçus tout de suite dans sa loge l'empereur, qui ressemble étonnamment à ses photographies. Par une

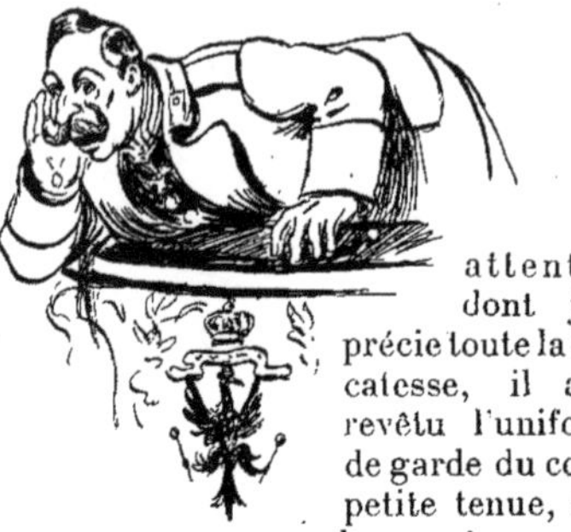

attention dont j'apprécie toute la délicatesse, il avait revêtu l'uniforme de garde du corps, petite tenue, avec la capote.

« Je lui adressai mon plus gracieux sourire et je commençai. Je chantai, d'abord, la *Valse des jarretelles*, *J'ai des aiguilles sous la peau* et *Faut qu'on m'arrose*. A chaque fois, je recueillis de vigoureux applaudissements, dont l'empereur donnait lui-même le signal de sa loge. Quand je vis tout ce monde si bien disposé, je me dis que je pouvais bien chanter *Gigolette*, mon grand succès des Folies-Méricourt.

« Vous vous rappelez le refrain n'est-ce pas :

> « Je suis une gigolette,
> Oh! là, oh! là, oh! là là!
> Il me faut de la galette,
> Autrement je n'marche pas!

« Vous savez comme je dis ce dernier vers d'une manière spirituelle, en lançant le pied en avant et soulevant la jupe jusqu'à hauteur du genou. Je suis fière de cette trouvaille, qui est bien de moi.

« Quand j'en arrivai donc à ce dernier vers, ce fut un vrai délire dans toute la salle, d'autant plus que je lançai avec intention mon pied dans la direction de la loge impériale.

« Les hommes étaient tous debout, la figure toute rouge, les yeux hors de la tête, criant :

« — *Hoch!... Hoch!... Hoch!... Chicolette! Chicolette!...*

« Il fallut que je reprisse trois fois le refrain, et naturellement en lançant le pied plus haut à chaque fois.

« Alors l'empereur se leva, se pencha légèrement hors de sa loge, et de sa voix de commandement, à la fois douce et ferme, dit ce seul mot :

« — *Jahut!*

« Je compris, et mon cœur de patriote tressaillit. C'était la danse nationale française que l'empereur me demandait, désirant ainsi rendre un hommage public et éclatant à notre cher pays.

« Je ramassai mes jupes et ce qui me restait de forces et criai joyeusement :

« — Chahut ! A Montmartre!...

Et allez donc, c'est pas son grand-père!...

« Puis je me mis à leur danser un de ces quadrilles échevelés, dans lesquels, vous le savez, je lève la jambe à la hauteur d'un principe.

« Il fallut relever six fois le rideau. Enfin je m'enfuis, exténuée et bien doucement émue, jusque dans ma loge, où je m'écroulai sur la chaise longue, pleurant à la fois de plaisir et de regret, à la pensée de mon cher public parisien, si loin de moi. Vous pouvez dire à tous les amis qu'ils ont lieu d'être contents de moi.

« A peine commençais-je à me remettre de mon émotion, qu'un chambellan vint m'avertir que l'empereur le suivait et venait me rendre visite.

« L'empereur dans ma loge ! Quel honneur ! je n'eus que le temps de réparer le désordre de ma toilette. Il était devant moi.

« En le voyant ainsi de tout près, je pus encore mieux constater la manière étonnante dont il ressemble à ses photographies.

« Par une pensée pleine d'un tact exquis, il avait tenu à se faire accompagner, dans cette visite à une Parisienne, par l'ambassadeur de France, le marquis de Noailles, un petit vieux bien propre

comme j'en souhaiterais un à la meilleure de mes amies.

« L'empereur s'inclina gracieusement devant moi, et me baisa les mains le plus galamment du monde. Puis il se mit à me parler en français, bien plus correctement que je n'aurais pu le faire moi-même.

« Mademoiselle, laissez-moi vous remercier de tout le plaisir que vous m'avez fait... J'aime tout ce qui vient de France... J'aime Paris, ses arts, sa littérature, ses plaisirs délicats, ses monuments, ses petites femmes...

« — Ah ! sire, m'inclinai-je, combien je suis heureuse, confuse, touchée, pénétrée... Ah ! si seulement il n'y avait pas eu votre grand-père !...

« Mais lui, avec un geste plein de noblesse et de bonté :

« — Ne parlons pas du passé, mademoiselle... Est-ce que je vous reproche votre famille ?...

« Alors je n'y tins plus... la joie.. l'émotion... que sais-je ?

« — Maman !... maman !... m'écriai-je... Tu peux venir présenter tes respects à l'empereur !... Nous nous sommes fait des concessions réciproques... Il est charmant !...

« Et ouvrant précipitamment le paravent derrière lequel maman était en train de ranger mes affaires, je la poussai aux pieds de l'empereur, où elle s'abattit comme une masse pantelante. Le souverain la releva doucement et la fit asseoir.

« Puis nous nous mîmes à causer, en bons camarades. Le marquis de Noailles souriait, mais ne disait pas un mot. Oh ! ces diplomates !

« L'empereur me demanda quels

étaient mes désirs, mes aspirations :

« — Etre engagée à la Scala, et avoir un hôtel avenue des Champs-Elysées, sire.

« Il répondit gravement :

« — Moi je voudrais être Napoléon !... C'était un homme, votre Napoléon !...

« — Et si aimable avec les dames !... soupira maman...

« — Avoir vaincu l'Europe entière !... Laisser un nom immortel !...

« — Ah ! si vous l'aviez connu ! reprit maman... et l'impératrice !... et le petit prince !...

« Et voilà qu'elle se met à lui parler du duc de Morny, de M. de Persigny, de Gramont-Caderousse, de Cora Pearl, de Mabille, des Clodoches, de Pomaré, des soupers du Café Anglais, du grand seize, d'Hortense Schneider, enfin d'une foule de vieux souvenirs.

« Le marquis de Noailles continuait à sourire sans dire un mot.

« Enfin l'empereur se lève.

« Il tire de sa poche un étui et me le remet.

« Sur le cuir sont gravés ces mots : *En souvenir de la « Valse des jarretelles ».*

« J'ouvre l'étui.

« Ce sont des amours de jarretelles, avec agrafes en or à ses armes.

« L'attention n'est-elle pas vraiment délicieuse ?

« Il remet aussi à maman un billet de cent francs.

« Maman n'en revient pas.

« Elle murmure à mon oreille :

« — Comment ! Tant que ça !... Et il ne reste pas !...

« L'empereur est près de la porte.

« Il se retourne et il dit :

« — Mademoiselle, à Paris, on dirait que vous êtes une femme de marque... Permettez-moi de vous dire qu'ici vous seriez une femme de cinq cents marks...

« Et il se retire sur ce très joli mot, suivi du marquis de Noailles qui trottine derrière lui, en rigolant toujours.

« Vous parlerai-je, mon cher ami, de mes triomphes à Saint-Pétersbourg, de ma visite au tsar, et de la manière tout à fait gentille dont je lui dis, selon la coutume du pays : « Bojour, mon petit père » ?

« Vous raconterai-je mes soupers avec les grands-ducs, si affables, si courtois, si grands seigneurs jusqu'au bout des ongles, je ne crains pas de l'affirmer ?

« J'eus un succès énorme un soir, au moment où l'un d'eux pénétrait dans le cabinet particulier :

« — Tiens !... v'là Dimir ! m'écriai-je.

« Il n'y a qu'une Parisienne pour trouver de ces choses-là.

« Vous parlerai-je de l'Italie, du roi Victor, de François-Joseph, si vigoureux encore malgré ses malheurs ?

« J'aurais encore mille détails à vous raconter.

« Ce sera pour une autre fois.

« Qu'il vous suffise de savoir, pour aujourd'hui, que, partout où j'ai passé, j'ai voulu faire aimer la France en ma personne.

« J'espère y avoir réussi au gré de tout le monde.

« Votre petite amie,

« Estelle de Némorin. »

Un grand Succès

Nos confrères Jules Marécat et Émile Regret mettent la dernière main à une

comédie-vaudeville en trois actes : *La Viande*, qu'ils destinent à un théâtre du boulevard.

sentes que nos confrères Jules Marécat et Émile Regret destinent leur comédie-vaudeville en trois actes : *La Viande*, dont on dit le plus grand bien.

* *

Le théâtre des Délassements-Prématurés vient de recevoir la *Viande*, vaudeville en trois actes de nos confrères Jules Marécat et Émile Regret. Les personnes qui ont eu l'occasion de lire la pièce s'accordent à prédire un gros succès.

Hier, au théâtre des Délassements-

C'est au théâtre des Fantaisies-Ab-   Prématurés, lecture aux artistes de la

Viande, vaudeville en trois actes de nos confrères Jules Marécat et Émile Regret.

Voici la distribution de cette pièce, qui a obtenu, à la lecture, un succès de fou rire.

Paul Durand.........	MM. MACHAIN.
Zopyre..............	SAINT-LEYTRE.
Verdelin............	LAGUIGNE.
Le Général..........	BOURGEOIS.
Alonzo Bazar........	TABOUCHE.
Angèle	MMᵉˢ ESTELLE DE NÉMORIN.
Mᵐᵉ Verdelin	JUSTINE LAGUIGNE.
Cᵗᵉˢˢ Carpe	PÉPÉ.
Pépita Bazar........	DJAMILEH.
Zoé.................	CAMILLE.
Camille.............	ZOÉ.

La *Viande* est entrée immédiatement en répétitions.

La direction du théâtre des Délas-

sements-Prématurés vient d'engager à de très brillantes conditions M. Machain pour remplir le rôle de Paul Durand dans la *Viande*, la comédie-vaudeville de nos confrères Jules Marécat et Émile Regret, dont la première représentation aura lieu dans une quinzaine de jours, et qui, si nous en croyons les bruits de coulisses, est extrêmement amusante.

* *

On demande de jeunes et jolies femmes au théâtre des Délassements-Prématurés. S'adresser de deux heures à quatre heures à M. le régisseur général.

* *

Les trois décors de la *Viande* ont été commandés à M. Labrosse qui en a soumis hier les maquettes à la direction du théâtre des Délassements-Prématurés, et aux auteurs.

On s'attend à des merveilles.

* *

Le théâtre des Délassements-Prématurés retient dès aujourd'hui la date du vingt décembre pour la première de la *Viande*, comédie-vaudeville en trois actes de nos confrères Jules Marécat et Émile Regret.

Les répétitions sont poussées bon train et marchent à merveille. La pièce est, paraît-il, extrêmement amusante.

* *

Un honorable commerçant de Paris, M. Paul Durand, ayant protesté auprès de nos confrères Jules Marécat et Émile Regret contre l'emploi fait de son nom dans leur comédie-vaudeville: *La Viande*, nos confrères, par un sentiment de courtoisie dont il faut leur savoir gré, ont décidé que le personnage principal de leur pièce porterait le nom de Émile Dubois, au demeurant d'une consonance plus comique.

* *

A la suite d'une lettre de protestation adressée à nos confrères Jules Marécat et Émile Regret par Émile Dubois, le célèbre sculpteur sur saindoux, le personnage principal de la *Viande* portera le nom de Onésime Versatil. Nos confrères espèrent ainsi éviter toute nouvelle réclamation.

*
* *

A la suite d'une violente discussion entre M. Gavirot, directeur des Délassements-Prématurés, et sa jolie pensionnaire, Mlle Estelle de Némorin, celle-ci a rendu le rôle qu'elle devait créer dans la *Viande*, de nos confrères Jules Marécat et Émile Regret.

Le papier timbré va-t-il marcher?

*
* *

Tout est arrangé aux Délassements-Prématurés, Mlle Estelle de Némorin ne

créer la *Viande*, de nos confrères Jules Marécat et Émile Regret, elle est venue redemander à M. Gavirot le rôle qu'ell avait rendu, et celui-

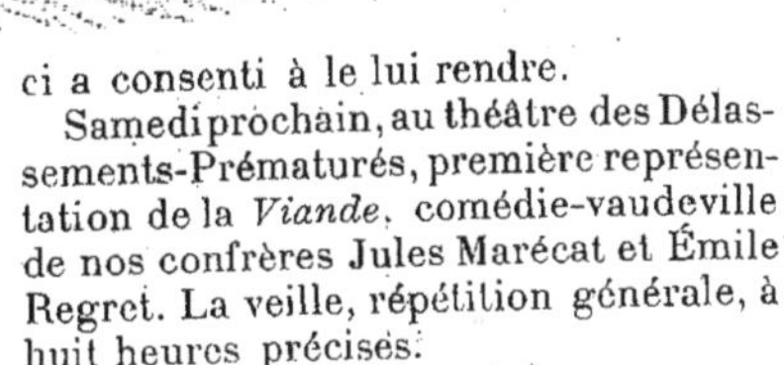

ci a consenti à le lui rendre.

Samedi prochain, au théâtre des Délassements-Prématurés, première représentation de la *Viande*, comédie-vaudeville de nos confrères Jules Marécat et Émile Regret. La veille, répétition générale, à huit heures précises.

*
* *

La comédie-vaudeville de nos confrères Jules Marécat et Émile Regret change de titre. Elle sera intitulée : *Les Grosses Légumes*.

*
* *

Ce soir, à huit heures précises, au théâtre des Délassements-Prématurés, répétition générale des *Grosses Légumes*, comédie-vaudeville en trois actes, de MM. Jules Marécat et Émile Regret.

pouvant se faire à l'idée de ne point

Demain, samedi, première représentation *irrévocablement*.

Néanmoins, consulter l'affiche.

.*.

Ce soir, à huit heures précises, au théâtre des Délassements-Prématurés, première représentation des *Grosses Légumes*, comédie-vaudeville en trois actes de MM. Jules Marécat et Émile Regret.

On commencera par *Mon gendre est à Mazas*.

.*.

COUPS DE CRAYON

Jules Marécat

Un de nos plus aimables confrères, et l'un des vétérans du journalisme. Rédigea, pendant près de vingt ans, le courrier des théâtres à l'*Indicateur des chemins de fer*.

Au physique, un bouledogue grisonnant, avec des yeux bleus où règne une grande bonté.

A collaboré à de nombreux journaux, et a beaucoup écrit pour les théâtres. Collectionne entre temps les boutons de culotte, dont il a réuni des spécimens introuvables.

A fait son devoir en 1870, et est décoré des palmes académiques.

Ne compte que des amis qui s'ap-

prêtent tous à applaudir ce soir la nouvelle pièce qu'il donne en collaboration avec Emile Regret, au théâtre des Délassements-Prématurés, et qui pourrait bien dépasser la centième.

.*.

Émile Regret

Un jeune, un tout à fait jeune, dans toute l'acceptation du mot.

Naquit après la guerre dans un de nos

départements les plus connus, et vint de bonne heure à Paris, sitôt ses études terminées.

Après quelques tâtonnements, fit ses débuts dans le monde des théâtres par le secrétariat général du concert des Folies-Méricourt qu'il occupe encore aujourd'hui.

Poète de race, tournant fort joliment le vers, a écrit de nombreuses chansons pour les cafés-concerts, entre autres *Viens, ô ma belle!* dont on n'a pas oublié la vogue.

Débute ce soir au théâtre sous l'égide de Jules Marécat, un vétéran du succès, avec une pièce qu'on nous dit excessivement drôle.

Au physique, un triste qui écrit des choses très gaies. Moins de ventre que de cheveux.

Visible à toute heure du jour et de la nuit à la brasserie Spitzer.

A fait son service militaire au 429e régiment d'infanterie.

« Le théâtre des Délassements-Prématurés a donné hier la première représentation des *Grosses Légumes*, comédie-
vaudeville en trois actes, de MM. Jules
Marécat et Émile Regret. Nous croyons
inutile de parler avec détails de cette
insanité... »

« ... Ni vraisemblance, ni observations, ni fantaisie : un dialogue imbécile, un sujet bête à pleurer, des situations impossibles... C'est une lourde
chute... »

« ... Un mot, mieux que toutes les
circonlocutions, résumera notre opinion : c'est idiot... »

La presse a été unanime à constater le
grand succès de rire remporté par les
Grosses Légumes, la comédie-vaudeville
de nos confrères Jules Marécat et Émile
Regret.

En présence de ce succès sans précédent, la direction du théâtre des Délassements-Prématurés vient d'ouvrir un
deuxième bureau de location.

Suivant une habitude prise depuis
longtemps, au lendemain de chaque première, on a lu hier aux artistes des
Délassements-Prématurés une nouvelle
pièce en trois actes de M. Paul Biscuit.
Titre : *L'Essayeuse*. Étant donné l'im-

mense succès des *Grosses Légumes*, cette
pièce ne pourra passer que dans un avenir éloigné.

On vient de distribuer en double, aux
Délassements-Prématurés, les rôles des
Grosses Légumes, la comédie-vaudeville
de MM. Jules Marécat et Émile Regret,
qui réalise des recettes formidables.

Nous publierons demain cette distribution.

En attendant que l'*Essayeuse*, la nouvelle pièce de M. Paul Biscuit, soit prête

à passer, les Délassements-Prématurés
reprennent ce soir, pour une quinzaine
de jours, les *Petites Bobonnes*, dont les
représentations avaient été interrompues
en plein succès.

La Cantonade

I

AU CAFÉ DE SUÈDE

Valcour, *à Molesquin.* — Eh bien ! mon jeune ami ?... Quoi de neuf ?... Ça va toujours, la comptabilité ?... Avez-vous eu de l'augmentation ?

Molesquin. — Je ne suis pas mécontent, monsieur Valcour... Je gagne maintenant deux cent vingt-cinq francs... Mais, que voulez-vous, je ne serai jamais satisfait... Voyez-vous, je ne suis pas fait pour m'abrutir sur un grand livre...

Valcour. — Toujours la même turlutaine, alors ?...

Molesquin. — Etre comédien comme vous !... Sentir une salle entière vibrer au son de ma voix !... Voilà l'existence rêvée !... Voilà l'idéal !... Depuis que vous m'avez autorisé à vous offrir chaque soir l'apéritif, depuis que je vous vois de près, ainsi que tous vos collègues, plus que jamais je souffre de mon infériorité... Ah ! être acteur, être acteur !...

Valcour. — Mon ami, vous ne voyez que les côtés dorés de notre profession... Ah ! si vous en connaissiez les déboires... Si vous saviez ce qu'il faut de talent et de persévérance pour arriver, comme moi, à briller au premier rang !... Si vous saviez combien, et des plus courageux, restent en route !...

Molesquin. — Tout me paraîtrait préférable au métier de comptable !... Ah ! monsieur Valcour, si vous vouliez bien me prendre sous votre protection !... On m'a dit bien souvent que vous êtes un fumiste, que vous faites de salés blagues à tout le monde... Mais vous avez toujours été bon pour moi !... Vous verrez !... J'ai le feu sacré !... je sens que j'arriverai !...

Valcour. — Ma foi, vous êtes un brave garçon... Je ferai peut-être quelque chose pour vous !...

Molesquin, *lui embrassant les mains.*

— Non !... Vrai !... Ah !... généreux bien-faiteur...

Valcour. — Seulement, les commencements sont difficiles... Il faut marquer le pas...

Molesquin. — Je suis prêt à tout...

Valcour. — Eh bien! voici... Nous répétons demain une nouvelle pièce... Voulez-vous jouer le rôle de La Cantonade !...

Molesquin. — Ah ! monsieur Valcour !... Comment vous remercier ?...

Valcour. — Vous me remercierez après... Seulement, je vous préviens... C'est un rôle muet... Mais ça vous ap-

Valcour. — Ce jeune homme a des dispositions étonnantes... On pourrait peut-être, pour l'essayer, lui confier le rôle de La Cantonade...

Gavirot. — Le rôle de La Cantonade ?... Ah ! bon, parfaitement... En effet, c'est une idée... (*A Molesquin*). Vous savez en quoi consiste le rôle ?...

Molesquin. — M. Valcour m'a dit que c'était un rôle muet... Mais je suis prêt...

Gavirot. — C'est ça... Vous ne dites

prendra votre métier... Il faut bien que vous preniez l'habitude des planches...

Molesquin. — Monsieur Valcour, vous êtes un père pour moi...

II

DANS LE CABINET DE GAVIROT

Valcour. — Mon cher directeur, je vous amène un jeune homme qui brûle du désir de faire du théâtre, et auquel vous pourriez peut-être donner un rôle dans la prochaine pièce...

Gavirot, *bourru.* — Mais vous êtes fou, Valcour... Vous savez bien que tous les rôles sont distribués... Et puis je n'ai pas l'habitude de prendre des apprentis... Je laisse ça à mes confrères...

pas un mot... Mais on vous parle tout le temps... Tenez... (*Feuilletant le manuscrit*). Le roi, *à La Cantonade...* Le Sénéchal, *à La Cantonade...* Gérald, *à La Cantonade...* Hermengarde, *à La Cantonade...* Vous voyez, sans qu'il y paraisse, c'est un rôle très important...

Molesquin. — Ah ! monsieur !... que de reconnaissance !...

Gavirot. — Venez, nous allons tout de suite commencer la répétition...

III

LA RÉPÉTITION

Gavirot. — Allons, mes enfants... commençons...commençons...C'est Hermengarde qui est en scène !...

Estelle de Némorin. —Voilà, voilà...
(*Lisant sur sa brochure*). « Sauvée !...

Mais je n'en puis plus !... Je me meurs !...
Ah ! cette poursuite à travers la forêt
noire et peuplée de fantômes... avec,
sur ma nuque, l'haleine abjecte du

crains plus maintenant... » (*A Gavirot*).
De quel côté faut-il que je me tourne
pour dire cela ?... Je m'adresse à La
Cantonade.

Gavirot. — Je vais te dire, cela...
Mais, d'abord, mes enfants, il faut que
je vous présente un nouveau camarade,
M. Molesquin, que je viens d'engager
spécialement pour jouer le rôle de La
Cantonade.

Estelle.—Ah ! c'est monsieur qui... ?
Enchantée...

Tous les acteurs, *avec un grand salut.*
— Enchantés...

Gavirot. — Nous allons tout de suite
commencer la mise en scène... (*A Estelle*). Tu entres par la droite... (*Lisant
sur le manuscrit*). « Sauvée ?... (*S'adressant à La Cantonade*). Ah ! je ne te
crains plus maintenant, vil séducteur
de filles !... » (*A Molesquin.*) C'est donc
à vous que cela s'adresse... Vous allez
donc vous placer à droite, pour que

monstre !... Un moment, j'ai senti la
main de l'infâme qui s'abattait sur mon
épaule... Mais, d'un suprême effort, j'ai
réussi à me dégager... Et maintenant,
je suis sauvée, sauvée !... Ah ! je ne te

Mlle Estelle de Némorin puisse vous
lancer son apostrophe... (*Il place Molesquin*). Là... ça va bien... prenez un air
naturel... Très bien... Continuons, maintenant... Au Sénéchal...

SAINT-GRATIEN. — Voilà... (*Lisant sur la brochure*). « Cet endroit me paraît tout à fait propice à la perpétration d'un complot...

GAVIROT. — Voici... Quand le décor sera fait, il y aura ici une maison, et vous serez derrière une fenêtre à laquelle pendra une corde qui tombera jusqu'à terre...

MOLESQUIN. — Parfaitement... j'ai compris...

GAVIROT. — Et surtout... de l'aisance !... de l'aisance !...

MOLESQUIN. — Mais je suis tout le temps dans la coulisse !.. On ne me voit jamais !...

GAVIROT. — Si on vous voyait, tout l'effet serait détruit... Le rôle est fait comme ça... Maintenant, si ça ne vous plaît pas, il est encore temps...

MOLESQUIN. — Si !... si !... ça me va !... je retire ce que j'ai dit !...

Restez, messieurs, et attendez que je vous appelle ! » (*Parlé*). Il me semble que ceci s'adresse à La Cantonade.

GAVIROT. — C'est juste... (*A Molesquin*). Il faudra donc vous tenir à gauche, dans la deuxième coulisse, pour que M. Saint-Gratien puisse vous dire : « Restez, messieurs... et cætera. » Et surtout du naturel... N'ayez pas l'air de jouer la comédie !... Continuons ! A Gérald...

VALCOUR. — Voilà, voilà... (*Lisant sur sa brochure.*) « Laissez, madame, le misérable n'osera pas vous arracher de mes bras !... » (*Parle*). A vous, Molesquin ?...

MOLESQUIN. — Mais je n'ai rien à dire...

VALCOUR. — Mais moi, j'ai à vous parler... Tenez... (*Il lit*)... De mes bras ! (*A La Cantonade*). « Lâche !... vous n'oserez pas venir jusqu'ici affronter mon juste courroux !... »

GAVIROT. — C'est juste... C'est à vous que cela s'adresse...

MOLESQUIN. — Où faut-il que je me mette ?...

GAVIROT. — Montez sur une chaise...

MOLESQUIN. — Bon... (*Il monte sur une chaise*).

IV

LE SOIR DE LA PREMIÈRE

ACTE IV, SCÈNE IX

HERMENGARDE. — Gérald !... Mes épreuves sont terminées !... (*Elle tombe dans ses bras*).

GÉRALD. — Hermengarde !... Ma bien_

aimée !... Je vous retrouve saine et sauve !... Mais où est-il, le misérable ?...

HERMENGARDE. — Il a fui comme un lâche, dès que vous êtes accouru !... Et maintenant, il est hors d'atteinte de votre bras vengeur... Mais ne pensons qu'au bonheur d'être réunis...

GÉRALD. — Non !... Non !... Avant tout, il faut qu'il expie !... Où est-il ?... Où est-il...

HERMENGARDE. — Il a grimpé le long de cette corde, et il a disparu derrière cette fenêtre... Mais je vous en prie... (*Elle veut le retenir*).

GÉRARLD. — Laissez, madame, laissez... Le misérable n'osera pas vous arracher de mes bras !... (*A La Cantonade*). Lâche, vous n'oserez pas venir jusqu'ici affronter mon juste courroux !... (*Se laissant emballer par la situation, et ajoutant au texte*). Mais paraissez !... Paraissez !... Paraissez donc !... (*La fenêtre s'ouvre. Molesquin paraît et se laisse glisser le long de la corde jusqu'à terre*).

MOLESQUIN. — Mais vous savez bien, monsieur Valcour, que j'ai un rôle muet et que personne ne doit me voir !...

Le Tapin d'Angèle

Mon ami Saint-Gratien n'était pas encore arrivé au bar, l'autre soir, à l'heure où j'y entrai. Nous nous réunissons, deux fois la semaine, en cet aimable endroit, dans le but innocent de nous mesurer au bésigue japonais. De minuit à deux heures du matin, ce sont des luttes épiques, où la ruse le dispute à la valeur, la veine à la science. Je dois reconnaître, — simple hommage à la vérité, — que, si toute la science est de mon côté, toute la veine est du côté de Saint-Gratien, qui me gagne tout ce qu'il veut. Aux innocents les mains pleines de jeu.

Or, ce soir-là, mon ami Saint-Gratien n'était pas encore arrivé. Après un salut cordial à la rondelette caissière, je commandai au barman, Emile mon coutumier champagne seltzer, tandis que le petit Charles me débarrassait de mon pardessus.

Je m'assis sur la banquette. En face de moi, juchés sur de hauts tabourets, des jeunes gens en habit aspiraient des boissons américaines variées. A ma droite, la jolie patronne, tout absorbée, jouait au poker avec quelques amis. A ma gauche, Angèle de Linon, solitaire mais rebondie[1], tentait de longues et compliquées réussites.

Je profitai d'un moment où elle mêlait les cartes, pour lui présenter mes respects et m'enquérir de sa santé :

— Pas mal et vous, me répondit-elle. Vous savez que j'ai débuté hier ?

— Débuté ?...Tous mes compliments... Vous faites donc du théâtre, maintenant ?...

— Oui, mon cher... Il y a longtemps que je le désirais, vous le savez... Cela

[1] Il n'y a aucune relation de compensation entre ces deux épithètes. Mais la phrase fait bien ainsi, au point de vue de l'eurythmie du son.

Voilà pourquoi, après avoir écrit ces mots, je ne crois point devoir les effacer. Il y a toujours des gens qui croiront que cela veut dire quelque chose.

est si fastidieux de vivre désœuvrée...
Et, vraiment, quand il y a tant de grues
qui débutent, elles aussi, et réussissent,
je ne vois pas pourquoi, moi qui suis
une femme intelligente, je ne pourrais
pas faire mieux qu'elles...

— Oh! beaucoup mieux...

— Et puis, il y a mon ami... vous
savez bien, le vicomte de Pognone, qui
désirait beaucoup que j'eusse une occu-
pation artistique... Mais quoi ?... J'avais
beau, tous les soirs, quand nous étions
au lit, m'écrier : « Et pourtant, j'ai quelque chose là! » C'était comme des
dattes... Il fallait trouver une occasion...

— Je vois que
vous l'avez trou-
vée... Et cela a-t-il bien marché, hier ?

— Ne m'en parlez pas... je suis fu-
rieuse!... Je puis bien vous raconter la
chose, à vous qui êtes un camarade...
Vous verrez s'il n'y a pas de quoi renon-
cer à la carrière artistique... Vous savez
que je répétais à tout venant combien je
désirais entrer au théâtre... L'autre jour,
je reçois une lettre du directeur du
théâtre des Auteurs rosses à l'Exposition,
me priant de passer immédiatement pour
affaire urgente... Vous pensez si je me
précipite chez ce directeur... Je trouve
un homme charmant : « Madame, me

dit-il, entre nos représentations, qui se
succèdent toute la journée presque sans
interruption, nous voulons faire une
sorte de parade pour attirer le public...
J'aurais besoin d'une jolie femme très
lancée, pouvant montrer un joli costume
et des bijoux, pour jouer du tambour...
J'ai pensé à vous... Cela vous va-t-il?...
Je ne vous offre rien comme appointements... Mais remarquez, par contre,
que je ne vous demande rien. Je vous
fais de la réclame, vous m'amenez des
habits noirs... nous sommes quittes...
Ça va?...Topez là... Vous avez trois jours
pour vous préparer. »

— Voilà ce que j'appelle mener ron-
dement les affaires.

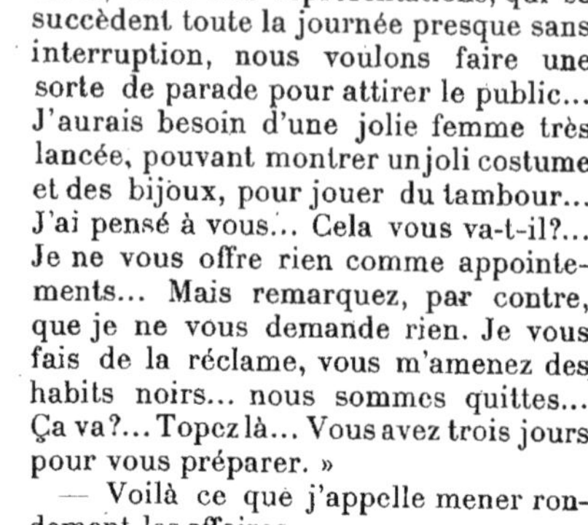

— N'est-ce pas ?... Pour la
question du costume et des
bijoux, je n'étais pas inquiète..
Mais le tambour m'inquiétait
davantage... Vous savez, au
théâtre, il ne faut rien laisser
à l'imprévu... Je ne suis pas
de ces femmes qui se fient au
souffleur ou aux chances de
l'improvisation... Il me fallait,
en trois jours, apprendre à
battre de la caisse... Mais
comment?... Par un bonheur
inespéré, en sortant de chez
le directeur, je rencontre qui ?... un de
mes amis, le capitaine Grenaille de
Plomb...

— Celui qui est à la Pépinière ?...

— Juste... Je lui raconte mon histoire... « Parfait!... à merveille... s'écrie
Grenaille. Demain matin, je t'envoie un
de mes tambours, et je te le confie pendant trois jours... Fais-en ce que tu voudras... Seulement n'oublie pas de me le
renvoyer dans trois jours. »

« C'était le ciel qui avait mis Grenaille de Plomb sur mon chemin. Le
lendemain matin, j'étais en train de faire
ma toilette, quand la femme de chambre
vient m'annoncer qu'un soldat, avec son
tambour sur le dos, me demande. C'était
le tapin promis par Grenaille.

« — Qu'il entre ! » m'écriai-je.

« Un soldat, ce n'est pas un homme,
n'est-ce pas? Voilà donc mon tapin qui

entre... Il était tout petit, tout mince, tout blond, avec de bonnes joues toutes roses, et un air timide !... Il avait de grands yeux et ne savait que faire de ses mains... Alors, moi, pour le remettre, je l'embrasse sur les deux joues, et je le fais asseoir sur la chaise longue... Il a pris tout de suite un petit air content.

« — Comment vous appelez-vous, mon ami ?...

« — Canouille, madame, pour vous servir...

« — Voulez-vous que j'achève de m'habiller, ou que je commence tout de suite ma première leçon ?...

« — Pour lors, madame, que je crois que, pour la liberté des mouvements, vaut mieux être gênée par le moins de choses possible... M'est avis que vous êtes très bien comme ça, en pantalon de treillis et en bourgeron... »

« Alors nous commençons à travailler, Canouille et moi. Il m'apprend d'abord la manière de tenir la baguette... Je croyais que c'était une chose qui devait me venir tout naturellement... Eh bien ! pas du tout... Il y a une manière spéciale de tenir la baguette, et je vous assure que Canouille eut de la peine à me la mettre entre les doigts

« — Madame, c'est le déjeuner du soldat qu'on apporte de la caserne...

« — Sapristi !... s'écria Canouille, ce n'est pas de refus... C'est peut-être plus

selon les règles. Le pauvre garçon en était tout rouge. Nous allions nous mettre aux *ra* et aux *fla*, quand ma femme de chambre entra, tenant une gamelle à la main :

très chaud, mais ça se briffe tout de même...

« Et le voilà qui pose sa gamelle sur ses genoux et qui en retire le couvercle... De la soupe et du bœuf, le tout refroidi...

« — Est-ce que tu t'imagines, dis-je à Canouille, que je vais te laisser manger toutes ces horreurs !... Tu déjeunes avec moi, entends-tu !

« — Ce n'est pas de refus... Seulement faut rendre la gamelle au camarade... Ça ne sera pas perdu... »

« Nous passons à table... Je vous assure que Canouille a fait honneur au repas... Il mangeait même de si grand cœur, cela me faisait tant de plaisir, que je n'ai pas pu me retenir, et que je l'ai embrassé comme du bon pain...

« Après le déjeuner, je dis à Canouille :

« — Qu'est-ce qu'on fait ?

« — Ce que tu voudras, me répondit-il avec confiance.

« — J'ai des courses à faire, je t'emmène avec moi... Ça te va ?...

« — Oui, si on va en voiture... »

« Je fais immédiatement atteler ma victoria, et nous voilà partis tous deux,

Canouille et moi, chez mon couturier, mon corsetier, dans les magasins de nouveautés. Canouille ne cessait de témoigner son plaisir :

« — Ah! si le colo me voyait... Il en ferait, une gueule!... » ne cessait-il de répéter naïvement.

« Bref, pendant trois jours, Canouille et moi nous ne nous sommes pas quittés... Dès que j'avais un moment de liberté, nous nous appliquions à l'étude des *ra* et des *fla*... Pour n'être point dérangée, j'avais prié le vicomte de Pognone de ne point troubler mes exercices de sa présence, et de ne point reparaître avant mes débuts... C'est un vrai gentilhomme... Il avait compris et s'était incliné...

« Trois jours pour un tel apprentissage, me direz-vous, c'est peu... Il est vrai... Mais, quand on travaille la nuit, quand on met les bouchées doubles, on peut arriver à un joli résultat...

— Aucune prouesse ne saurait m'étonner de votre part... Vous êtes si...

— J'ai le feu sacré, voilà tout... Mais vous allez voir la fin... Le grand jour arrive donc... C'était hier, comme je vous le disais tout à l'heure... Je fais mon apparition sur l'estrade du théâtre des Auteurs rosses, dans un de ces costumes et avec un de ces chapeaux?... Il fallait voir ça... j'étais bien un peu fatiguée et énervée par le dernier coup de collier

auquel Canouille, impérieux et exigeant, m'avait soumise; une heure encore avant le spectacle... Mais un peu de noir sous les yeux, cela avive le regard.

« Je devais ponctuer de roulements le boniment que récitait un vulgaire cabotin. Au moment où j'apparus, il y eut comme un tonnerre d'applaudissements... Songez donc, massés au pied de l'estrade, il y avait le vicomte de Pognone et tout le club, mes petites amies, avec leurs petits amis, Grenaille de Plomb et ses camarades... Enfin, un public de choix... Je n'avais pas le moindre trac, et me mis à exécuter un superbe roulement sur le tambour qui était posé devant moi, sur un escabeau.

« Mais, tout à coup, je reçois une violente commotion... J'aperçois, aux derniers rangs de la foule, Canouille, accompagné d'une vingtaine d'autres soldats, sans doute tous les tambours de la Pépinière, venus pour me juger, me critiquer, au besoin... Alors, je perds la tête... Au lieu de promener doucement les baguettes sur le parchemin, comme

me l'avait indiqué mon maître, je donne des battements saccadés, sans lien ni rythme.

« Canouille devient cramoisi et s'écrie :

« — Sacré nom d'un nom... je te l'ai pourtant bien répété, cette nuit, qu'il fallait caresser la peau!...

« Voilà mes petites amies, les officiers

et le club qui se mettent à battre des mains et à rigoler... Mais voilà aussi le vicomte de Pognòne qui pince les lèvres, qui s'en va, et qui n'est pas encore revenu... »

— Il reviendra peut-être encore... Espérez...

— C'est pour le savoir que je suis en train de me faire des réussites... Mais, voyez-vous, à côté des joies exquises qu'il procure, le théâtre apporte bien des déboires!...

La dernière création d'Estelle

Le *Crépuscule* publia la note suivante :

« Voilà plusieurs jours déjà que Mlle Estelle de Némorin, la charmante artiste du théâtre des Fantaisies-Absentes, avait dû, pour cause d'indisposition, céder son rôle de la *Petite Bonne* à son excellente camarade, Mlle Lydia.

« On croyait que cette indisposition ne serait que de courte durée, et que Mlle Estelle de Némorin pourrait bientôt reparaître, pour la grande joie du public, sur la scène dont elle est l'étoile.

« Mais nous apprenons que l'exquise comédienne devra rester éloignée du théâtre pendant plusieurs mois.

« D'ailleurs, indisposition sans nulle gravité, au contraire. Il s'agi-

rait, paraît-il, d'une création à laquelle l'art dramatique n'aurait rien à voir.

« Et l'on se plaint de la dépopulation ! »

* *

On pense si cet événement imprévu rendit heureuse Mme de Némorin mère. Grand'mère ! Elle allait être grand'mère !

Et elle disait au comte de Vice-Versa, en lui serrant chaleureusement les mains :

— Ah ! monsieur le comte !... monsieur le comte !... Vous faites le bonheur de ma vieillesse !

Le comte de Vice-Versa, très digne, comme à son ordinaire, répondit avec sa courtoisie de grand seigneur :

— Enchanté, chère madame, d'avoir pu vous être agréable.

La scène se passait, le soir, dans le salon d'Estelle de Némorin.

Celle-ci, en peignoir flottant, nonchalamment étendue sur une chaise longue, était en train d'exécuter au crochet de ravissants petits chaussons de premier âge.

Le domestique introduisit Gavirot, directeur des Fantaisies-Absentes.

Celui-ci présenta ses civilités à Mme de Némorin mère et au comte de Vice-Versa. Puis il alla rapidement à la chaise longue.

— Eh bien ! comment vas-tu ?... comment vas-tu ?... lui demanda-t-il avec un intérêt où perçait une pointe de tendresse.

Et il gardait dans ses deux mains la petite main d'Estelle, et fixait sur elle un regard humide.

— Mon Dieu, répondit Estelle, ça va très bien, mon cher directeur... J'ai une faim de loup...

— Bon, ça !... Excellent, ça !...

Et il ajouta avec un gros rire satisfait :

— Je parie qu'elle mange comme deux, la mâtine !...

A peine achevait-il ces mots que Saint-Gratien, le jeune premier compromettant, paraissait à son tour. Il présenta ses civilités à Mme de Némorin mère, au comte de Vice-Versa, à Gavirot, puis allant à la chaise longue :

— Eh bien ! ma chère camarade ?... Et cette santé ?...

Et il ajouta à voix basse :

— Je ne vis plus...je suis si heureux !... si heureux !...

Estelle en riant... Vous feriez croire des choses !...

— Enfin, ça suit son cours ?...

— Je ne me suis jamais si bien portée !...

— Ça va peut-être vous

donner l'idée de recommencer ?...

— Ah ! ça, non, par exemple !... Vous

Après le comédien, arriva Marécat, l'auteur de la *Petite Bonne*.

Il présenta ses civilités à Mme de Némorin mère, au comte de Vice-Versa, à Gavirot et à Saint-Gratien. Puis, allant à la chaise longue :

— Eh bien ! la petite bonne, qu'est-ce qu'on dit à son petit Trublot ?...

— Voulez-vous bien vous taire ? fit

ne voudriez pas que je prenne un abonnement !

— En ce qui me concerne, certes, je ne le voudrais pas !...

Et les soirées s'écoulaient ainsi, charmantes, intimes, familiales, entre Estelle, sa mère et les quatre hommes. A onze heures, on prenait le thé. Puis le directeur, l'auteur et l'acteur partaient

les premiers. Le comte de Vice-Versa se
retirait le dernier.

Un soir qu'ils étaient tous réunis,
Estelle sursauta soudain :

— Maman! s'écria-t-elle avec effroi.

— Qu'y a-t-il? fit Mme de
Némorin mère.

Mais aussitôt
la jeune femme
se remit, · et,
avec un éclair

de joie dans les yeux :

— Il a remué !... Il a remué !...

— Il a remué, messieurs! Il a remué!
s'exclama Mme de Némorin en se tournant vers les amis de sa fille.

Et ceux-ci, se serrant affectueusement les mains, répétèrent avec une
émotion attendrie :

— Il a remué!

⁂

Le grand jour est arrivé.

Dans le salon, le comte de
Vice-Versa, Gavirot, Saint-
Gratien, Marécat, sont assis,
la mine anxieuse, silencieux.

De temps à autre Mme de
Némorin mère, ou la jeune
sœur d'Estelle, Loulou, revenue exprès de
Monte-Carlo pour l'événement, viennent
leur apporter des nouvelles.

Le comte de Vice-Versa, toujours correct, est un peu pâle. Les trois autres

hommes l'entourent avec déférence,
comme des comparses autour d'un chef.
Ils prêtent l'oreille avec anxiété.

Soudain, un petit cri perçant, sem-
blable au bruit d'une crécelle, retentit.
Les quatre hommes se regardent avec
une expression indéfinissable. Saint-
Gratien, dominé par l'émotion, se laisse
choir dans un fauteuil.

Et, soudain, la porte s'ouvre. Mme
de Némorin mère arrive comme une
bombe, suivie de Loulou, du
médecin et de la sage-femme.

Elle porte dans ses deux
mains quelque chose
qui grouille déjà et qui
pleure.

— C'est un garçon !
s'écrie-t-elle.

Et, venant présenter
l'objet au comte de
Vice-Versa, elle ajoute:

— Il vous ressemble !
nous l'appellerons Gia-
como, comme vous !...

— Giacomo de Né-
morin, ça fera joliment
bien ! s'écria Loulou en
sautant et en battant des mains.

— J'espère, ajouta Gavirot, que monsieur le comte de Vice-Versa ne verra
pas d'inconvénient à ce que je sois le
parrain de ce cher petit?...

— Au contraire, cher monsieur, fit le
comte. Comme
directeur d'Es-

telle, cette qualité vous revient de droit.

— Alors, dit Mme de Némorin mère, on l'appellera Giacomo-Léon... car vous vous appelez bien Léon, n'est-ce pas, monsieur Gavirot?

— Ne pourrait-on ajouter mon prénom, Fernand? interrogea Saint-Gratien.

— Et le mien, Virgile? ajouta Marécat.

— Mais certainement, dit Mme de Némorin mère. Comme ça l'enfant sera

yeux au plafond, la couverture sous le menton.

Mme de Némorin remit l'enfant à la sage-femme, puis, venant s'asseoir près du lit :

— Le comte est ravi... Il trouve que l'enfant lui ressemble.

placé sous votre protection à tous les quatre.

— Giacomo-Léon-Fernand-Virgile de Némorin! C'est ça qui est un joli nom! s'écria Loulou.

— Je vais aller dire tout ça à Estelle, dit Mme de Némorin. Elle sera bien heureuse.

Et elle rentra dans la chambre à coucher.

* *

Blanche comme cire, mais jolie comme un amour, Estelle était immobile, les

Un pâle sourire vint éclairer le visage d'Estelle.

— Je lui ai dit que nous appellerions le chérubin Giacomo... D'ailleurs, ils sont tous bienheureux!.. Ah! ils t'aiment bien... Ce serait leur fils qu'ils ne seraient pas plus contents... C'est M. Gavirot qui va être parrain...

— M. Gavirot a toujours été si bon pour moi, murmura Estelle.

— Mais les autres veulent aussi que notre amour porte leur prénom... Ça ne te fait rien?...

— Ça me fait plaisir.

— Giacomo-Léon-Fernand-Virgile de Némorin, c'est un peu long... mais ça vous a de l'allure, n'est-ce pas?...

Estelle paraissait réfléchir, les yeux vagues, lointains.

— Je voudrais ajouter un prénom, fit-elle enfin.

— Tu trouves qu'il n'y en a pas assez comme ça?...

Mais, Estelle avec un doux et mutin entêtement :

— Je veux ajouter un prénom...

— Un prénom!... Et lequel?...

— Fiacre, dit-elle, en rougissant jusque derrière les oreilles.

Une bonne Fortune

La pluie tombait à torrents. Octave Follet, abrité sous son parapluie ouvert, cherchait des yeux un fiacre libre.

Il était sept heures et demie du soir.

Mais les fiacres passaient tous, lestés de voyageurs, et les cochers, devenus soudain dédaigneux, ne répondaient même pas à ses appels.

Après un quart d'heure d'attente sous la pluie battante, parut enfin une voiture dont le cheval marchait au tout petit trot. Le cocher cherchait des yeux un client. A peine eut-il aperçu Octave Follet, qu'il vint rapidement se ranger contre le trottoir.

Au même moment, accourait une ravissante petite femme recroquevillée sous son en-cas, les jupes retroussées, faisant au cocher des signaux désespérés. Mais celui-ci, en homme profondément équitable, leva les épaules en signe de regret. C'était le monsieur qui l'avait appelé en premier. Il n'y avait rien à faire contre cela.

Et la petite femme, désappointée et désorientée, restait immobile sur le trottoir.

Octave avait déjà ouvert la portière de la voiture et se disposait à y pénétrer. Mais Octave avait une âme charitable. Son cœur se fendit à la pensée de cette petite femme restant toute seule, exposée aux intempéries, et de lui s'en allant tranquillement et à couvert.

Il se dirigea donc vers la petite femme, et, mettant le chapeau à la main :

— Madame, fit-il, si vous le voulez, cette voiture est à vous.

— Pas du tout! répliqua la petite

femme... Vous l'avez appelée avant moi... Je serais désolée de vous en priver...

— Il ne s'agit pas de cela... Je me permettais seulement de vous offrir la seconde place, et je serais heureux de vous déposer là où il vous plaira...

La petite femme parut réfléchir pendant quelques secondes.

— Ma foi, dit-elle avec un petit air décidé... Ce n'est pas de refus... On est trempé jusqu'aux os.

Et elle s'engouffra dans la voiture.

— Où faut-il vous conduire ? interrogea Octave debout devant la portière.

— Au théâtre des Fantaisies-Absentes.

— Alors, madame, dit Octave, une

— Ça doit être bien amusant, la vie de coulisses...

— Oh ! pas tant que vous croyez... Un turbin de tous les diables...

— Oui... Mais on est si bien récompensé...

— Ça dépend des jours... Il y a des fois, où, pour un rien, je planterais tout là !

fois que le fiacre se fut mis en route, vous allez aux Fantaisies-Absentes ?

— Oui, monsieur... Et, vraiment, si vous n'aviez eu l'amabilité de m'offrir votre voiture, je ne sais vraiment ce que j'aurais fait... J'aurais été en retard...

— Pourtant, la revue ne commence qu'à neuf heures...

— Justement... Il faut que j'y sois au moins une heure à l'avance... Autrement, je me ferais attraper.

— Ah ! je devine, s'écria Octave... Vous avez à faire dans la revue...

— Précisément...

Octave resta quelques instants sans parler. Puis il reprit :

— Oh ! trop de gens s'en plaindraient... Je n'ai jamais mis le pied dans les coulisses d'un théâtre... Est-ce que c'est difficile ?...

— Il faut connaître une actrice... Ce que j'en vois passer des gigolos...

— Mais... il me semble que... maintenant... vous... je vous connais...

— C'est déjà quelque chose... On pourra voir...

Octave saisit la main de la petite femme.

— Que vous êtes gentille !...

Il resta de nouveau quelques instants sans parler.

— Est-ce que vous êtes prise toute la soirée ?...

— Ah! non!... Heureusement!... Je suis libre à onze heures... C'est déjà bien assez comme ça!

— Alors... à onze heures... vous êtes libre?...

— Oui...

— Et qu'est-ce que vous faites, en sortant du théâtre?...

— Dame... je rentre... Ce n'est pas une heure pour aller se promener...

— Voulez-vous que je vienne vous attendre?...

— Pourquoi faire?...

— Nous pourrions aller prendre une tasse de chocolat...

— Tiens... C'est une idée!... J'aime beaucoup le chocolat...

— Alors je vous attends devant l'entrée des artistes?

— Oui...

— A onze heures?

— A onze heures.

— Que vous êtes gentille!...

— Allons... tenez-vous tranquille!...

La voiture venait de s'arrêter... La petite femme bondit, légère et gracieuse, et disparut, en courant, au fond d'un étroit couloir.

*   *
    *

Octave Follet restait confondu. C'était donc ça une actrice! Quelle bonne grâce, quelle délicieuse simplicité!

Il n'avait jamais connu de femme de théâtre. Souvent au spectacle, ou arrêté devant un magasin de photographies, il avait contemplé, avec admiration et désir, les reines de la scène si excitantes en leurs costumes légers, et dont la possession lui paraissait chimérique. Il enviait les bienheureux qui pouvaient les approcher, les toucher, les étreindre. Il lui semblait qu'un tel bonheur lui était interdit, qu'il y avait là un paradis dont la porte lui était fermée.

Et voilà que le hasard, qu'une occasion mettait une actrice en sa présence. Et alors qu'il n'eût jamais osé lui adresser la parole, s'il avait su sa qualité réelle, il l'avait abordée, et elle lui avait répondu, comme eût fait la première petite femme venue. Octave en conçut une très grande vanité.

Et, immédiatement, il se dirigea vers le bureau du théâtre pour y acheter un fauteuil.

Il allait la voir paraître sur la scène, sa jolie petite artiste. Il lui ferait un petit signe discret. Elle le reconnaîtrait, et elle lui sourirait. Ce serait charmant!

Quelques instants après, il était assis à l'orchestre, et ne quittait pas la scène des yeux. La revue venait juste de commencer.

Estelle de Némorin était en scène. Elle représentait la Gironde et conduisait un bataillon de petites femmes, vêtues de feuilles de vigne, et qui venaient se plaindre au compère Saint-Gratien et à la commère de ce que la baisse du vin les empêchait d'écouler leurs produits.

La petite amie d'Octave ne pouvait être encore habillée, où plutôt déshabillée. Il attendit donc patiemment que d'autres petites femmes parussent.

Mais il attendit toute la soirée. Il avait beau dévisager, lorgner toutes celles qui arrivaient isolément ou en groupe, il ne put arriver à retrouver sa conquête.

— Au fait, se dit-il, il faisait bien noir dans la rue et dans la voiture... Aux lumières, avec le costume, le maquillage, les perruques, il est bien difficile de discerner.... surtout quand on ne connaît pas très bien...

Et comme onze heures allaient sonner, il sortit de la salle et courut se pos-

ter devant l'entrée des artistes...

A peine y était-il arrivé, qu'il vit venir la petite femme, toujours trottant menu. Elle lui prit délibérément le bras.

— Et maintenant, dit-elle, à ce chocolat !...

Octave, qui voulait bien faire les choses, et qui voulait les faire jusqu'au bout, prit un cabinet particulier.

— Vous savez, fit-il, j'ai assisté à la revue...

— Eh bien ! ça vous a-t-il amusé ?...

— Oui, ce n'est pas mal...

Il n'osait lui dire qu'il ne l'avait pas vue, car elle s'en serait montrée, à bon droit, blessée. Il n'osait lui dire davantage qu'il l'avait vue, car elle aurait immédiatement amené la conversation sur ses rôles, sur ses costumes. Et il aurait été bien embarrassé.

Aussi, pour couper court à une situation qui pouvait devenir gênante, il prit le parti de la saisir dans ses bras et de lui coller un vigoureux baiser sur les lèvres.

— Eh bien ! s'écria-t-elle en opposant

une résistance à peu près convenable, vous n'avez pas peur !

— Avec tout ça, vous ne m'avez pas dit comment vous avez trouvé madame... Quel fourneau, hein !...
— Madame ?...

Au moment de s'en aller, la petite femme dit :

— Oui... Estelle de Némorin... je suis sa femme de chambre.

On répète activement

L'auteur, *arrivant rapidement.* — Je suis en retard ?...

Le régisseur. — Vous êtes encore aujourd'hui le premier.

L'auteur. — Je me suis dépêché... On avait dit hier deux heures pour le quart... Il est deux heures vingt...

Le régisseur. — Oh! nous avons encore le temps...

Le directeur, *surgissant sur la scène.*

— Nom de Dieu de nom de Dieu de nom de Dieu !... Personne ?... Ils ne sont pas encore levés, ces cochons-là !... Foutez-moi tout ce monde-là à l'amende, Philippe !... J'en ai assez de leur fiche ma galette pour qu'ils se payent ma tête... A l'amende !... (*Il disparaît aussi vite qu'il est entré.*)

Le régisseur, *haussant les épaules.* — Il ferait mieux de moins crier et d'être plus souvent à son affaire...

L'auteur. — Le fait est qu'on ne le voit pas souvent...

Le régisseur. — Trop encore, pour ce qu'il fait.

Le régisseur. — Non, mais quoi, alors?... On ne veut plus rien fiche?... Deux heures trente-cinq, c'est-il deux heures pour le quart ?...

Le ténor. — Je suis un peu en retard, c'est vrai... Mais personne n'est jamais à l'heure... Alorss...

Estelle. — Dis donc, est-ce que c'est pour moi que tu dis ça ?...

Le ténor. — Pour toi et pour tout le monnde... Je serais exact si tout le monnde l'était...

Le régisseur. — Vous devriez commencer par l'être, Isidore... C'est à vous de donner l'exemple... Mais travaillons... M. l'auteur est ici depuis deux heures et quart, lui...

L'auteur, *protestant.* — Oh ! cela n'a aucune importance...

Le régisseur, *frappant dans ses mains.* — Allons, mesdames, en place pour le chœur du lever du rideau... Placez-vous comme je vous l'ai indiqué hier... Là, comme ça... (*A l'accompagnateur.*) Tu y es, toi ?

L'accompagnateur. — Je vous attends...

Le régisseur. — Une, deux, trois... Marchez !...

Les petites femmes, *chantant* :

C'est la fête du village,
C'est le moment,
Pour fillette sage,
De choisir un amant.

Le directeur, *surgissant.* — Nom de Dieu de nom de Dieu de nom de Dieu !... Qu'est-ce que c'est que tout ce boucan-là ?... Elles chantent faux, ces femmes !... Et puis, il est idiot, ce chœur !... C'est une

tape sûre ?.. Faut me changer ça !... Faut me trouver autre chose !... (*Il disparaît.*)

Le régisseur, *sans s'émouvoir.* — Enchaînons, enchaînons... (*Un long temps*). Eh bien! voyons, c'est à toi, Estelle !...

Estelle, *comme sortant d'une longue rêverie.* — Ah ! oui, c'est vrai... (*Feuille-tant son rôle.*) Voyons, voyons... Ah! j'y suis... (*Elle remonte, puis redescend en scène, disant*) : « Non, jamais, jamais, mon père !... Plutôt mourir que de faire un tel mariage !... » (*A l'auteur.*) Vous ne trouvez pas qu'il y a un froid, là, monsieur ?

L'auteur. — Un froid ?...

Estelle. — Oui... Le chœur chante, et puis j'entre tout de suite en disant : «Non, jamais...» Il n'y a pas de liaison... Alors, moi, j'oublie, et ça fait un froid... Vous devriez, après le chœur, faire dire par les paysans une phrase dans ce genre : « Tiens, mais voici la fraîche et jolie Claudinette qui s'a vance à pe- tits pas. C'est l'heure où elle descend sur la grande place pour chanter les plus jolis morceaux de son répertoire... » Comme ça, on sait que c'est moi qui arrive et que je vais chanter... La pièce gagne en clarté...

L'auteur. — Je verrai... j'étudierai, mademoiselle...

Le régisseur. — Enchaînons... enchaînons...

Estelle, *reprenant sa place.* — « Plutôt mourir que de faire un tel mariage !... »

je le paye pour ne rien fiche ! Où en est-on ?... Et qu'on travaille un peu, n'est-ce pas ?... Personne ne fiche rien, nom de Dieu !... (*Il disparaît.*)

Le régisseur. — Enchaînons, enchaînons... A toi, Honoré...

Le comique. — J'aurais deux mots à dire à M. l'auteur...

L'auteur. — Je vous écoute.

Le ténor. — « Bienn parlé, Clodinéte. »

L'auteur. — Pardon... (*Appuyant.*) Claudinette !

Le ténor. — Parfaitemennt... Clodinéte !

L'auteur. — Vous ne dites pas Claudinette... Vous dites Clodinéte...

Le ténor. — Je sais prononcer... Je suis de Montaubanng... (*Reprenant*) « Bien parlé, Clodinéte... Mais tu channtes mieux enncorre... »

Le directeur, *surgissant.* — Nom de Dieu de nom de Dieu de nom de Dieu !... Quelle saloperie de poussière !... Le concierge n'a donc pas arrosé avant la répétition ?... Je vais encore le fiche à la porte celui-là ! Est-ce qu'il s'imagine que

Le comique, *l'emmenant mystérieusement à l'extrémité du proscœnium.* — Est-ce que vous avez vu *Tout à treize* aux Fantaisies-Absentes.

L'auteur. — Naturellement.

Le comique. — Pourquoi ne me faites-vous pas un rôle comme celui de Saint-Gratien ?... C'est amusant, ça... Et puis ça fait toujours de l'effet...

L'auteur. — C'est possible... Seulement, ça n'irait pas du tout avec ma pièce...

Le comique. — Je vous demande pardon, je ne connais pas la pièce...

L'auteur. — Mais voilà quinze jours que nous la répétons...

Le comique. — Je suis très consciencieux, moi... Je ne m'occupe que de mon rôle... Vous savez que je chante très bien ?...

L'AUTEUR. — Allons, tant mieux, tant mieux...

LE RÉGISSEUR. — Enchaînons !... Enchaînons !... A toi, Honoré...

LE COMIQUE. — La réplique ?... Ah ! oui... Tu chantes mieux encore... « Oui, oui, Claudinette, s'agit de nous en pousser une, et soignée surtout !... »

ESTELLE. — « Ah ! si j'avais... »

LE CONCIERGE, *entrant.* — Attention !... Gare là-dessous !... (*Il tient à la main un entonnoir et arrose le plancher de la scène en faisant des huit.*)

LES FEMMES, *se sauvant.* — C'est dégoûtant !... En voilà un moment pour arroser !... (*Les unes se retroussent, les autres montent sur des chaises. Confusion, brouhaha.*)

LE RÉGISSEUR. — Qu'est-ce qui vous a dit d'arroser ?

LE CONCIERGE. — C'est M. le directeur... Il est entré comme une bombe dans la loge en disant : « Nom de Dieu de nom de... »

LE DIRECTEUR, *surgissant.* — Nom de

LE CONCIERGE. — C'est moi, monsieur le directeur.

LE DIRECTEUR. — Eh bien ! vous êtes un foutu cochon... Est-ce que vous êtes toqué ? Est-ce qu'on arrose pendant une

répétition ? Ils sont encore trop heureux de ne rien fiche... Si vous venez les déranger en plus !... C'est à fiche sa démission, nom de Dieu !... (*Il disparaît, suivi du concierge.*)

LE RÉGISSEUR. — Enchaînons, enchaînons. (*A Estelle.*) C'est à toi... Tu dis : « Ah ! si j'avais une jolie voix comme la gentille demoiselle du château !... (*A l'auteur.*) Dites donc...

L'AUTEUR. — Plaît-il ?

LE RÉGISSEUR. — C'est idiot ce que vous lui faites dire là !...

L'AUTEUR. — Vous trouvez ?...

LE RÉGISSEUR. — Oui, faudrait arranger autre chose... Votre pièce n'est déjà pas bien amusante...

ESTELLE. — Mais j'aime beaucoup cette phrase, moi !... Et puis je l'ai bien dans la bouche, maintenant...

Dieu de nom de Dieu de nom de Dieu !... Quel est le cochon qui a mouillé le plancher comme ça ?...

J'ai eu assez de mal... Je ne tiens pas du tout à en apprendre une autre !...

L'auteur. — C'est bon, c'est bon... Nous verrons tout ça !... Seulement, nous n'avons pas encore beaucoup travaillé aujourd'hui...

Le régisseur, *regardant sa montre.* — Sapristi, comme le temps passe !... Vite, avant de nous en aller, réglons une fois la finale du premier acte et l'apothéose... Voyons, toi, Estelle, tu te mets là, les deux bras tendus, tu te tiens sur la pointe du pied droit, la jambe gauche tendue en arrière... Comme le génie de la Bastille, enfin... Là, c'est très bien... Toi, Isidore, tu croises les bras sur la poitrine et tu mets une jambe sur l'autre... Ça n'est pas mal... A toi, Honoré... Voyons, toi...

Le comique. — Si j'imitais le xylophone..

Le régisseur. — Ne nous embête pas, hein ?... Voyons, toi... Eh bien ! tu te mets tout bonnement derrière Isidore et tu lui fais un pied de nez... (*A l'auteur.*) Ça vous va-t-il ?...

L'auteur. — A merveille.

Le régisseur, *aux petites femmes.* — Quant à vous, mesdames, aussitôt après l'accord, vous vous mettez à danser, comme on vous l'a montré hier au foyer... (*A l'accompagnateur.*) Tu y es, toi ?

Le pianiste. — Je vous attends.

Le régisseur. — Une, deux, trois... Marchez !...

(Le pianiste plaque un accord : les personnages prennent les attitudes indiquées et les petites femmes se mettent à danser.)

Le directeur, *surgissant.* — Nom de Dieu de nom de Dieu de nom de Dieu !... Qu'est-ce que vous fichez là ?... Il est quatre heures !... Voulez-vous bien me débarrasser le plancher !... (*A l'auteur.*) Mille excuses, nom de Dieu... On va répéter la pièce qui passera après la vôtre !...

Huis Clos

Marécat. — Alors, c'est entendu?

Gavirot. — C'est entendu.

Marécat. — Au fond, je crois que vous avez raison.

Gavirot. — Si j'ai raison!... Voyons, vous vous rappelez ce qui s'est passé pour votre *Amour en catimini?*

Marécat. — En effet.

Gavirot. — Un monde fou à la répétition générale... Tout Paris... Un gros succès... Le lendemain à la première, plus un chat... Natu-rellement, les gens qui étaient venus la veille n'étaient pas revenus le len-demain, et ils avaient laissé perdre leurs coupons... Soirée désas-treuse... La pièce ne s'est pas re-levée...

Marécat. — C'est que c'est vrai...

Gavirot. — Et pour la *Petite Bonne*, qui était une pièce excel-lente!... Le jour de la répétition générale, nous avions invité un tas de chineurs... ça a très mal mar-ché... La première a eu beau être bonne le lendemain, l'impression est restée mauvaise... Et nous avons eu un four...

Marécat. — Et quel four...

Gavirot. — Mémorable, je ne crains pas de le dire... Voyez-vous, mon ami, je crois que nous prenons le bon parti pour votre prochaine pièce... En somme, l'im-portant, c'est que les critiques et les soi-ristes aient un jour devant eux pour faire leur compte rendu... Faisons donc pour eux une répétition générale à huis clos...

Marécat. — C'est ça... le huis clos le plus strict... Nous n'admettrons même pas les courriéristes théâtraux...

Gavirot. — Naturellement... puisqu'ils n'ont pas de compte rendu à faire... Ils

ne seront conviés que le jour de la première. Ah! pourtant, il fau-dra que j'envoie tout de même deux fau-teuils à Lionel Meyer.

Il est toujours très gentil avec moi... Il publie toutes les notes que je lui envoie... Et puis il amène toujours de jolies femmes... Ça fera plaisir à tout le monde...

Marécat. — Je ne demande pas mieux... Seulement les autres courriéristes ne se-ront pas contents... Savez-vous ce qu'on pourrait faire?... Ce serait d'envoyer à tous les courriéristes une note annonçant

qu'ils seront exclus des répétitions générales... Et puis, on leur enverrait à chacun une lettre particulière et confidentielle, les informant qu'il sera fait une exception en leur faveur, et que leur service leur sera maintenu...

GAVIROT. — Excellente idée !... C'est comme mon ami Kratzoff, vous savez bien, le tailleur... Il vient toujours à toutes mes répétitions générales.., Je ne peux pas lui faire la mufflerie de l'évincer...

MARÉCAT. — [Naturellement... C'est comme pour mon ami Williamson, vous savez bien, le chemisier... Je ne peux pas faire autrement que de l'inviter...

GAVIROT. — Un chemisier... c'est sacré... Il y a aussi la question des actionnaires...

MARÉCAT. — Oh! ceux-là, nous nous en fichons...

GAVIROT. — Vous, peut-être... Pas moi... J'ai besoin d'eux. Le dernier quart n'est pas encore versé... Et puis, c'est un droit pour eux, en somme... Ils en feraient une musique, si je leur coupais leur service de générale !...

MARÉCAT. — C'est juste, je ne pensais pas à tout cela... Sapristi, j'oubliais mes collaborateurs, Hervieu, Lavedan, Donnay, Decourcelle...

GAVIROT. — C'est vrai... Ce sont des

auteurs de la maison. Il y a aussi Sardou, Halévy, Richepin, Ohnet...

Marécat. — Bref, tous les confrères...

Gavirot. — Sapristi!... Vous avez bien fait de prononcer ce nom... J'allais oublier mes confrères à moi... Je ne peux pas ne pas les inviter... Ils m'invitent à toutes leurs répétitions générales... Charlot, Gailhard, Ginisty, Franck, Borney et Desprez, Porel... Samuel...

Marécat. — D'autant plus que j'ai aussi des pièces chez eux...

(On frappe à la porte.)

Gavirot. — Entrez...

(Parait le régisseur.)

Gavirot. — Qu'est-ce' qu'il y a, Firmin?...

Le régisseur. — Je venais vous parler du service de la répétition générale...

Gavirot. — Eh bien! vous tombez à pic... Nous venons justement de décider, M. Marécat et moi, que la répétition générale aura lieu à huis clos...

Marécat. — Dans le huis clos le plus strict...

Gavirot. — Je n'invite que les critiques et les soiristes...

Le régisseur. — Mais, pourtant, le perruquier, le costumier, le bottier, l'accessoiriste... Ils ont besoin d'être là!...

Gavirot, *à Marécat.* — Ça, c'est juste... Je n'y pensais pas...

Le régisseur. — Et le service des artistes?...

Gavirot. — Ah! ceux-là!... Zut!...

Marécat. — Faites bien attention, mon ami... Vous savez combien ils sont susceptibles... Ils sont capables de mal jouer, et de fiche la pièce par terre... Saint-Gra-

lien est très formaliste... Il peut très bien tout planter là... Ce ne serait pas sa première fugue.

Gavirot, *à Marécat.* — Vous parlez d'or... (*Au régisseur.*) Faites donc un service aux artistes...

Le régisseur. — Et les petites femmes?...

Gavirot. — Les petites femmes aussi?... Ah! non!... Celles-là, envoyez-les promener!...

Le régisseur. — Voilà six semaines qu'elles répètent à l'œil, puisqu'elles ne sont payées qu'à dater de la première... Et nous leur avons fait passer plusieurs nuits... Tout ça pour soixante francs par mois... Elles comptent sur leur service... pour leur mère ou leur ami... Ça ne serait pas gentil de leur refuser deux places... En somme, elles ne sont pas plus de cinquante...

Gavirot. — Faites comme vous voudrez...

Le régisseur. — Bien, monsieur. (*Il va pour sortir.*)

GAVIROT, *le rappelant*. — Ah ! vous penserez aussi au décorateur et aux machinistes...

LE RÉGISSEUR. — Bien, monsieur... (*Il sort.*)

MARÉCAT. — Je crois que nous n'avons oublié personne...

GAVIROT. — Il faudra penser également à votre famille...

MARÉCAT. — Eh bien ! j'allais en faire une belle !... Merci de m'y faire penser.

GAVIROT. — Et ma femme !... Je ne la vois que les jours de répétitions générales.... Si je supprime cette occasion, je ne la verrai plus...

(On frappe à la porte.)

GAVIROT. — Entrez !...

(Paraît Estelle de Némorin.)

ESTELLE. — Qu'est-ce que j'apprends, mon cher directeur ! Vous voulez donner la répétition générale à huis clos !...

GAVIROT — Oui, mais tranquillise-toi... j'ai donné des ordres à Firmin... Tu auras deux places pour ta maman et pour Loulou...

ESTELLE. — Mais il me faut aussi une loge pour le comte !...

GAVIROT. — Le comte de Vice-Versa !... Il n'a pas besoin d'assister à la répétition générale ! Il viendra à la première... Il a retenu une avant-scène...

ESTELLE. — Vous croyez, comme ça, que je souffrirai que mon ami n'assiste pas à la répétition générale !...

GAVIROT. — Dame !...

ESTELLE. — Eh bien ! mon vieux, tu peux te taper pour ton avant-scène à la première... Et puis, au revoir... Non, adieu...

GAVIROT. — Adieu !...

ESTELLE. — Oui, le comte insiste pour que je l'accompagne à Monte-Carlo... J'avais refusé... Mais, étant donnés les égards que l'on a pour moi ici... Bonsoir...

GAVIROT. — Et ton dédit ?...

ESTELLE. — Je m'en bats l'œil... Le comte le payera...

MARÉCAT. — Voyons, Gavirot, un bon mouvement...

GAVIROT. — Allons, tu l'auras, ta loge...

ESTELLE, *l'embrassant*. — Vous êtes mémé comme tout !... Avec deux places pour ma corsetière et deux places pour ma manucure, je serai contente... Au revoir, mon petit Marécat.. (*Elle leur envoie un baiser et sort.*)

MARÉCAT. — Je voudrais encore vous demander...

GAVIROT. — Ah ! non, mon cher... Il reste juste quatre places maintenant...

MARÉCAT. — Il ne m'en faut que deux...

GAVIROT. — Non... non... Il ne faut pas les donner... Alors ce ne serait plus un huis clos, tout le monde se ficherait de nous !...

MARÉCAT. — Vous avez raison.

*
* *

Ce soir, à neuf heures, au théâtre des Fantaisies-Absentes, répétition générale de la *Gomme Elastique*, vaudeville en trois actes, de M. Marécat. Nous rappelons que cette répétition générale aura lieu dans le plus strict huis clos, et que, seuls, les critiques et les soiristes y seront admis.

L'Homme au pan coupé

GAVIROT. — Deux et trois cinq, et neuf quatorze, et neuf ving-trois et sept trente, et quatre trente-quatre, et neuf quarante-trois... (*On frappe à la porte.*) Entrez !

UN GARÇON DE BUREAU, *entrant.* — Mon-

sieur, c'est un monsieur qui m'a prié de vous faire passer sa carte...

GAVIROT. — Donnez. (*Lisant la carte.*) Ah ! bon... Faites entrer...

(Le garçon introduit un auteur dramatique facile à reconnaître au rouleau de papier qu'il porte sous le bras.)

GAVIROT. — Ah ! c'est vous, cher ami... Asseyez-vous donc... Et quel bon vent ?...

L'AUTEUR. — Dame, mon cher directeur, je vous apporte ma pièce...

GAVIROT. — Quelle pièce ?

L'AUTEUR. — Mais... ma pièce... nous avons rendez-vous aujourd'hui... pour lire le premier acte...

GAVIROT. — C'est vrai... je l'avais oublié... Eh bien ! allez, cher ami... je vous écoute...

L'AUTEUR, *dépliant son rouleau.* — Ça s'appelle *le Petit Dégourdi*... Le petit dégourdi, ça sera Saint-Gratien.

GAVIROT. — Pas mal, le titre.

L'AUTEUR. — Je commence ?...

GAVIROT. — Allez, je vous écoute...

L'AUTEUR, *lisant.* —

« Le théâtre représente une boutique de parfumerie. — A droite, un bureau-caisse ; portes au premier et au deuxième plan. Au fond, vitrine donnant sur la rue, avec porte d'entrée à deux battants. — A gauche, pan coupé... »

GAVIROT. — Halte-là !...

L'auteur. — Qu'y a-t-il ?

Gavirot. — Est-ce que vous êtes fou ?...

L'auteur. — Pourquoi cela ?... je ne saisis pas...

Gavirot. — Est-ce que vous voulez faire interdire votre pièce ?...

L'auteur. — Interdire ?... mais pour quelle raison ?...

Gavirot. — Comment ! vous m'apportez une pièce où il y a un pan coupé, et vous me demandez pour quelle raison on pourrait l'interdire ?.. Vous en avez de bonnes ! ... Vous ne savez donc pas que le gouvernement et que M. Bérenger ont l'œil sur nous !...

L'auteur. — Mais, sapristi, ce n'est qu'une indication !...

Gavirot. — Vous croyez?... Eh bien! tenez, Estelle de Némorin est justement au théâtre... Elle est bête comme une oie... Eh bien! je parie quelle est de mon avis.

L'auteur, *piqué.* —Oh ! l'avis d'Estelle !...

Gavirot. — Si... Il faut bien vous convaincre!

Gavirot. — Justement... C'est une indication déplacée... D'autant plus que vous précisez... A gauche... entendez-vous, malheureux... à gauche, pan coupé... Non, c'est tout à fait impossible.

L'auteur. — Entre nous, vous y met-

(Il ouvre la porte et crie :) Estelle !

Voix d'Estelle. — Oui !... Le temps de passer mon pantalon !...

L'auteur. — Vraiment, nous aurions pu nous dispenser de l'arbitrage de Mlle de Némorin !

Gavirot. — Pardon, vous avez déjà l'avis d'un homme intelligent, le mien. S'il concorde avec celói d'une grue, vous serez peut-être convaincu...

Estelle, *entrant.* — Me

tez un peu d'exagération...

voilà !... *(Au directeur).* Bonjour, toi !...

(*Elle l'embrasse.*) Bonjour, monsieur...
(*Elle embrasse aussi l'auteur.*) Qu'est-ce
qu'on me veut?...

GAVIROT. — Voici... C'est monsieur
qui est en train de me lire une pièce...
Je la trouve tout ce qu'il y a de plus in-
convenant... Mais, dis-moi, tu me dis que
tu mets un pantalon... Et te voilà en robe!...

ESTELLE. — Il est par en dessous...
Crois-tu que je serais venue te parler
sans pantalon?... Je sais vivre!...

GAVIROT. — Ah! très bien... Je te disais donc que je trouve la pièce inconve-
nante... Monsieur prétend le contraire...
Alors, nous voulons te faire juge...

L'AUTEUR. — Pardon, c'est vous...

GAVIROT. — Enfin, ça n'a pas d'importance...

ESTELLE. — Est-ce que c'est difficile à
comprendre?..

GAVIROT. — Non, tu vas voir... Si
vous voulez relire, cher ami...

L'AUTEUR, *résigné*. — Enfin... (*Reli-
sant.*) « Le théâtre représente une boutique de parfumerie. — A droite, un bureau-caisse; portes au premier et au
deuxième plan. — Au fond, vitrine donnant sur la rue, avec porte d'entrée à
deux battants. — A gauche, pan coupé... »

ESTELLE. — Oh!...

GAVIROT. — Eh bien?...

ESTELLE. — Oh! c'est grossier!...

GAVIROT, *à l'auteur.* — Vous voyez...

L'AUTEUR. — Mais, qu'y a-t-il là de
grossier, mademoiselle Estelle?...

ESTELLE. — Oh!... à gauche, paon
coupé... paon coupé... Non, c'est grossier... Encore, si vous aviez mis : A
gauche, un chapon... C'est toujours
moins appuyé que paon coupé...

GAVIROT, *triomphant.* — Vous voyez!...

L'AUTEUR. — Mais elle n'a pas compris
un mot!...

ESTELLE. — Comment, je n'ai pas
compris un mot!... Dites donc, vous!...

GAVIROT. — N'envenimons pas les
choses... Il faudra remplacer votre pan
coupé par autre chose, cher ami... Je
ne tiens pas à ce que l'on ferme mon
théâtre...

L'AUTEUR. — Oh! je cède!... Pour ce
que cela a d'importance!...

GAVIROT. — A la bonne heure!... Con-
tinuez votre lecture, cher ami... Tu
peux rester, Estelle!...

L'AUTEUR. — Ah! bien!... très bien!...
(*Reprenant sa lecture.*) « Au lever du rideau, Angélina est seule en scène... »

LE DIRECTEUR, *à Estelle.* — Angélina...
C'est ton rôle...

ESTELLE, *à l'auteur.* — Dites donc,

monsieur... Est-ce que je me déshabille?...

L'AUTEUR. — Si vous voulez... Si ça
vous est plus commode pour écouter...

Estelle. — Mais non, je **vous** demande si je me déshabille en scène ?...

L'auteur. — Pourquoi faire ?..

Estelle. — Dame, c'est là que j'ai le plus de succès...

Gavirot. — Estelle a raison, mon cher... Il faudrait la faire se déshabiller en scène... Vous savez qu'elle a une très jolie jambe... Tenez, regardez-moi cela... Et le reste est à l'avenant... Que voulez-vous, le public aime ces choses-là, aujourd'hui...

Estelle. — Vous devriez me faire déshabiller et me faire me coucher... Je rentre du théâtre... Je me déshabille entièrement et je me couche... Je suis sûre que cela ferait beaucoup d'effet...

L'auteur. — Je ne vous vois pas très bien vous déshabillant et vous couchant dans une boutique de parfumerie...

Gavirot. — Oh ! vous n'auriez qu'à remplacer la parfumerie par une chambre à coucher... Dites donc, je pense à une chose...

L'auteur, *effrayé*. — Laquelle ?...

Gavirot. — Si nous mettions à la fin de ce premier acte une douzaine de petites femmes en chemise !...

L'auteur. — Mais pourquoi faire, mon Dieu ?...

Gavirot. — Avec des projections électriques et des changements de couleur, ce serait épatant !... On leur ferait danser la danse serpentine ?... La danse serpentine en chemise !... Ça ferait courir tout Paris !...

Estelle. — Le public est si dégoûtant !...

L'auteur. — Justement... Je vous apporte une œuvre littéraire, et non pas une machine pornographique !...

Gavirot. — Je vous conseille de faire le difficile !... Un homme qui met des pans coupés dans ses pièces !...

L'auteur. — Ah ! pardon...

Gavirot. — Croyez-moi, mon cher... J'ai de l'expérience... La littérature,

même quand elle est pornographique, comme votre histoire de pan coupé, ça peut être très joli... Mais ce n'est pas avec ça qu'on remplit une salle... C'est même avec ça qu'on peut la faire fermer... Il faut penser un peu au public des baignoires...

Estelle. — Ah ! si vous connaissiez ce

public comme moi !...

Gavirot. — Il est donc inutile que vous continuiez votre lecture aujourd'hui... Vous allez remporter votre manuscrit... Vous commencerez par supprimer le pan coupé... Puis vous remplacerez la parfumerie par une chambre à coucher... Vous ajouterez une scène pour qu'Estelle se déshabille et se couche devant le public... Vous n'oublierez pas, à la fin, la danse serpentine en chemise pour une douzaine de petites femmes... Et avec ça, vous pouvez être sûr d'un gros succès...

Estelle. — Sans avoir besoin de recourir aux grosses saletés...

L'auteur, *roulant son manuscrit*. — Dites donc, pendant que j'y serai, je pourrais peut-être changer le titre de la pièce.

Gavirot. — Pourquoi faire ?... Comment l'intituleriez-vous ?...

L'auteur. — *L'Homme au pan coupé*.

La Loi salique

Cela se passait au foyer des artistes du théâtre des Fantaisies-Absentes. Le baron Vapiano, tout en causant avec le célèbre auteur Marécat, attendait Loulou de Némorin, qui était allée dire bonjour à sa sœur Estelle, dans sa loge.

— Quelle gentille enfant que cette Loulou! dit Marécat.

— Elle est bien élevée, répondit le baron, et elle m'aime tant!... Seulement elle s'ennuie, la pauvre petite, et cela me donne du souci.

— Mais il me semble, mon cher baron, qu'elle ne doit avoir rien à désirer avec vous...

— Oh! elle se moque bien de tout cela!... Pourvu qu'elle ne manque de rien, elle ne pense même pas à réclamer quoi que ce soit... Seulement, elle voudrait travailler... Mais comment?... Gavirot persiste à la traiter en petite fille et à ne pas utiliser son talent... car elle a beaucoup de talent, vous savez...

— Mais du moment que c'est vous qui me le dites...

— Moi seul sais tout ce qu'elle peut faire... Cette petite-là, voyez-vous, mettra dans sa poche Granier, Réjane, Tariol-Baugé, Méaly et Simon-Girard... Seulement, pour ça, il lui faudrait un rôle...

Or, ici, pour jouer les bonnes ou les utilités, j'aime mieux qu'elle ne fasse rien... Mon cher ami, entre nous les directeurs sont bien bêtes...

— A qui le dites-vous?...

— Ils ont une étoile, à la portée de la main... Mais non, ils aiment mieux faire jouer toujours les mêmes artistes... Ah! si j'étais directeur!

— Mais qui vous empêche de l'être?...

— Vous plaisantez!...

— Pas du tout... Les Délassements-Prématurés sont à prendre depuis la déconfiture de la dernière direction...

— Je vous écoute... Personne n'en veut...

— Prenez-les... comme ça, vous pourrez faire jouer Loulou...

— Il est évident qu'avec Loulou, on ferait beaucoup d'argent, et on pourrait remonter le théâtre... Mais voyez-vous le baron Vapiano directeur !... Tout le monde se ficherait de moi...

— Vous n'avez qu'à confier la direction artistique à un homme d'expérience... à Saint-Gratien, par exemple, qui connaît le théâtre comme personne... Votre rôle se bornerait à apporter les fonds...

— Mais encore faudrait-il une pièce...

— J'en ai une... *la Loi salique*... Une

pièce bouffe très amusante... Saint-Gratien serait épatant dans le rôle de Clovis...

— Est-ce qu'il y aurait aussi un rôle intéressant pour Loulou?...

— Un rôle extraordinaire... Elle y aurait un succès fou...

— Ma foi, l'idée est intéressante... Je ne dis pas non... Venez donc, avec Saint-Gratien, nous demander à déjeuner demain matin... Nous recauserons de tout cela...

** **

Le lendemain, l'affaire fut rapidement conclue... Le baron Vapiano en avait parlé, dans la nuit, à Loulou ; celle-ci n'avait pas eu de peine à le convaincre une fois de plus de son talent, et à obtenir de lui une promesse ferme.

— Et puis, tu verras, avait-elle ajouté.. Si tu me fais plaisir, je t'en récompenserai..., et de toutes les façons... Tu verras... Je serai une excellente affaire....

— J'ai toute confiance en toi, ma chérie, répondit le baron les yeux mi-clos.

Le déjeuner fut donc très cordial. Au moment du café, les paroles étaient échangées...

— J'ai votre parole, dit Saint-Gratien au baron... Je ne vous demande pas de papier... Quant à l'argent...?

— Ne parlons pas de cela, fit Loulou.

— Au contraire, parlons-en... Vous n'avez pas à craindre d'être estampé, avec moi, monsieur le baron... Je ne vous demanderai pas des deux ou trois cent mille francs, en exigeant que vous me laissiez carte blanche... Vous me remettrez des fonds au fur et à mesure des besoins, et, à chaque fois, je vous fournirai justification de la somme employée Ainsi, aujourd'hui il faut que vous me

donniez vingt mille francs, afin que je puisse prendre possession du théâtre... —

— Les voici...

— Je vous donnerai un reçu général,

quand toutes les dépenses auront été faites... D'ailleurs, je ne crains rien... C'est vous qui me devrez de l'argent... Car nous allons en faire, des recettes, avec Loulou...

— Et ma pièce!... ajouta Marécat.

Le lendemain, les journaux annonçaient que M. Saint-Gratien, l'éternel jeune premier, prenait la direction du théâtre des Délassements-Prématurés, pour y représenter *la Loi salique*, pièce bouffe de M. Marécat, dont il jouerait le principal rôle d'homme. Le principal rôle de femme serait créé par une jeune et charmante divette, Mlle Loulou de Némorin, l'étoile de demain.

* *

troupe. Et naturellement, pour jouer à côté de Saint-Gratien, le vétéran du succès, et de Loulou, l'espoir du théâtre de demain, il était indispensable de réunir d'excellents comédiens. Pour s'assurer divers concours, Saint-Gratien avait dû payer de nombreux dédits, avec l'argent du baron, bien entendu.

Puis il avait fallu commander des décors et des costumes, acquitter les frais d'éclairage et de chauffage.

Bref, il ne s'était guère passé de jours sans que le baron eût eu à ouvrir son portefeuille.

— Vous marquez bien tout ce que je vous donne, monsieur Saint-Gratien?... Car, moi, je n'en sais rien... Je sais que cela doit aller dans les

Les répétitions commencèrent. Le baron Vapiano n'en manquait pas une. Et, chaque jour, il avait quelque nouveau versement à faire.

D'abord, il avait fallu former une

cent cinquante mille francs... à peu près...

— Soyez tranquille, monsieur le baron... Tout est noté...

— Le veinard! s'écriait Marécat. Va-t-il en gagner de l'argent!...

— Ce sera pour Loulou, fit le baron.

Et il ne pouvait se lasser de voir sa petite amie répéter. Il buvait chacune de ses paroles, il la dévorait des yeux.

Toutefois, il avait remarqué que Saint-Gratien et Marécat arrêtaient fréquemment les autres interprètes, qu'ils leur faisaient des observations, qu'ils les obligeaient quelquefois à recommencer dix fois la même phrase ou le même mouvement, tandis qu'ils laissaient toujours aller Loulou sans l'interrompre, sans lui donner aucune indication.

— Pourquoi n'arrêtez-vous jamais Loulou? leur demanda-t-il un jour.

— Oui, pourquoi ne m'arrêtez-vous pas? ajouta Loulou. Si je fais quelque chose de mal, il ne faut pas avoir peur, il faut me le dire... Grondez-moi même, s'il le faut... Bien que je n'aie pas signé d'engagement, vous pouvez m'attraper... Pas, chéri?...

Saint-Gratien et Marécat échangèrent un sourire. Puis Saint-Gratien répondit :

— Si nous avions quelque chose à dire à Loulou, nous le lui dirions...

— Nous n'avons rien à lui dire, opina Marécat.

— Tu vois, ma chérie, s'écria le baron radieux... Tu es épatante!... Tu as telle-ment de talent que l'on ne trouve rien à te dire!...

— A propos, dit Saint-Gratien, il faut que nous songions à doubler Loulou ...

— Doubler Loulou!...

— Dame, si elle est souffrante ou fatiguée... J'ai pensé à Lydia...

— Lydia!... C'est une excellente idée! s'exclama Loulou... Elle me doublera très bien...

— Oui, oui, fit le baron, elle doublera très bien Loulou.

Et tous deux se rengorgèrent à l'idée de voir engager comme doublure Lydia, l'artiste en renom. C'est ça qui sacrerait Loulou étoile de première grandeur!...

— D'ailleurs, observa Saint-Gratien, cela ne vous coûtera que dix-huit cents francs par mois.

*

Quelques jours avant la date fixée pour la première représentation, le baron vit un matin arriver Saint-Gratien.

— Voulez-vous que je fasse chercher Loulou?... Elle dort encore...

— Non, non, monsieur le baron... C'est à vous seul que je désire parler...

— Vous faut-il encore de l'argent?..

— Oui... Une dizaine de mille francs, pour l'affichage, la publicité !...

— Les voici, fit le baron... Mais j'espère que vous allez donner la grande vedette à Loulou, et lui faire une bonne réclame...

— Je ne demande pas mieux, pour ma part, répondit Saint-Gratien en empochant... Quoique Loulou ne fasse pas du tout l'affaire, je vous ai trop de gratitude pour songer de mon propre mouvement à lui retirer le rôle...

— Hein !... Vous dites ?...

— Mais c'est Marécat qui ne veut pas en entendre parler. Il la trouve au-dessous de tout... Il est vrai que cette pauvre Loulou a encore beaucoup à apprendre... Elle ne sait rien de rien... Alors...

— Alors ?...

— Alors, je vais être obligé de faire jouer le rôle par Lydia.

Le plus aimable des hommes

— C'est entendu, mon petit chat, dit Aristide Capucin à Suzanne Mélisse, en la mettant en voiture, et en lui glissant dans la main un billet de cinquante francs. J'irai demain voir Gavirot. C'est le plus aimable des hommes, et tu peux considérer ton engagement aux Fantaisies-Absentes comme une chose faite...

— Vous êtes le plus aimable des hommes...

— Avec des gens comme vous, c'est un plaisir d'être aimable... Et quoi de neuf ?...

— Je voudrais vous demander un petit service...

— Vous savez bien que je n'ai rien à

Le lendemain, un peu avant le dîner, Aristide Capucin se rendit au café de Suède, où il savait rencontrer Gavirot. Celui-ci, en effet, était en train de prendre son apéritif. Du plus loin qu'il aperçut Capucin, Gavirot s'écria :

— Eh ! mais, c'est Capucin !... C'est ce cher Capucin !... Bonjour Capucin !... On ne vous voit jamais, mon cher... Vrai, je m'ennuie après vous...

vous refuser... De quoi s'agit-il ?...

— Voici... J'ai une petite camarade très gentille, qui voudrait bien entrer chez vous... Elle ne sait rien de rien... Mais la frimousse est amusante... Vous avez toujours besoin de petites femmes... Alors, j'ai pensé... Vous lui donnerez cinquante francs... ou même rien du tout... Elle s'en fiche... Peut-être allez-vous me trouver bien indiscret ?...

— Vous êtes fou, mon cher... Vous savez qu'il n'y a rien que je ne fasse pour vous faire plaisir... Amenez-moi votre

petite camarade lundi à trois heures...
Nous arrangerons ça...

— Décidément, vous êtes le plus aimable des hommes...

— Vous voulez rire...

* *

Le dimanche soir, Capucin reçut un mot très aimable de Gavirot, le priant de vouloir bien remettre le rendez-vous à mercredi, à deux heures précises, jour et heure où il était sûr de n'être dérangé par personne.

— Ce Gavirot est vraiment bien gentil, se dit-il.

Le mercredi, à deux heures exactement, il arrivait, avec Suzanne Mélisse, au théâtre des Fantaisies-Absentes.

La concierge, qui le connaissait, lui dit :

— M. Gavirot vient de téléphoner pour que vous vouliez bien attendre un instant avec cette dame. Il déjeune chez lui avec Mlle Estelle de Némorin et M. Saint-Gratien... On en est au café...

Capucin et Suzanne Mélisse s'assirent dans la loge. A trois heures, pas de Gavirot. Capucin dit à la concierge :

— Voulez-vous téléphoner à M. Gavi-

rot et lui dire qu'à mon grand regret, je n'ai pas le temps de l'attendre... J'ai mes affaires qui m'appellent...

La concierge revint au bout de quelques instants.

— M. Gavirot vous fait faire toutes ses excuses... Il dit surtout que vous ne vous en alliez pas... Il saute dans une voiture et, dans un instant, il est ici...

A trois heures trois quarts, pas de Gavirot.

— C'est extraordinaire, dit Capucin... Je ne peux pas comprendre ça de Gavirot... lui, le plus aimable des hommes...

— Il est peut-être allé voir une femme, en route, fit Suzanne Mélisse.

— Mon petit chat, j'ai absolument besoin de faire quelques courses... Je viendrai te reprendre tout à l'heure... D'ailleurs, ma présence n'est pas nécessaire... Gavirot ne te mangera pas... C'est le plus aimable des hommes... Sois bien gentille avec lui, et tu en feras ce que tu voudras...

A cinq heures, quand Capucin revint Suzanne Mélisse était toujours assise dans la loge de la concierge dans l'attitude de l'attente résignée.

— Eh bien ? interrogea-t-il.

— M. Gavirot a téléphoné que l'on ne s'impatiente pas, qu'il venait tout de suite...

— C'est vraiment bizarre, fit Capucin.

A six heures, la sonnerie du téléphone retentit.

— M. Gavirot demande M. Capucin au téléphone, dit la concierge.

Capucin courut au téléphone.

« Allo ! allo ! c'est vous, Capucin ? fit

que tu dis de ça ?... Voilà que Gavirot t'invite à dîner maintenant... Crois-tu que ton affaire est faite !...

— Ce que je vais avoir l'air gourde !

— Mais non... Sois naturelle, voilà tout...

Gavirot vint au-devant d'eux, les deux mains tendues.

— Bonjour, Capucin !... Entrez donc, mademoiselle... Vous êtes ici chez vous...

la voix de Gavirot. Toutes mes excuses, mon cher... Je suis un misérable... Dites donc, savez-vous ce qu'il faut faire ?... Comme il est bien tard, venez donc dîner avec nous... Et emmenez votre petite amie... Vous retrouverez Estelle de Némorin et Saint-Gratien. — Vous êtes le plus aimable des hommes, » répondit Capucin.

Vous devez m'en vouloir de vous avoir fait attendre...

Et pendant que Capucin serrait la main de Saint-Gratien et d'Estelle de Némorin :

— Ma chère Estelle, mon cher Saint-Gratien, permettez-moi de vous présenter mademoiselle... une petite amie à Capucin, qui a énormément de talent et qui brûle du désir d'entrer chez nous... Sapristi, quels beaux cheveux ! Sacré Capucin, va !...

— Mais c'est qu'elle est tout à fait gentille, cette petite ! s'écria Estelle, en embrassant Suzanne Mélisse... Une petite ingénue, et un petit air vicieux, avec ça...

Et, se tournant vers Saint-Gratien :

— N'est-ce pas qu'elle est ravissante ?...

— Elle est assez mignonne, répondit celui-ci... Seulement, une fois qu'on a

* *

Dans la voiture qui les conduisait chez Gavirot, Capucin dit à Suzanne Mélisse :

— Eh bien ! mon petit chat, qu'est-ce

retiré la ficelle et le papier, il ne doit pas rester grand chose...

— Naturellement, il te faut des vachères, à toi.

Le dîner fut charmant. Estelle, Saint-Gratien et Gavirot se répandaient en prévenances et en gentillesses de toute sorte pour Suzanne, émerveillée et rougissante.

Après le café, on passa de nouveau au salon :

— Ça ne fait rien... n'importe quoi... Vous ne savez pas un petit air ?...

— Si... *les Cuirassiers de Reischoffen*...

— Je les sais justement aussi... Je vais vous accompagner...

Et Estelle se mit au piano.

— Sapristi, se disait Capucin... Ça va se gâter... Je suis sûr qu'elle chante comme une seringue, cette petite dinde !...

Il ne s'était pas trompé, en effet. Quand Suzanne eut terminé, il s'empressa de

— Dites donc, Capucin, est-ce qu'elle a un peu de voix, votre petite camarade ?...

— Ma foi, je n'en sais rien... Dis donc, mon petit chat, Gavirot, qui est le plus aimable des hommes, me demande si tu as de la voix...

— Je chante un peu, répondit Suzanne.

— D'ailleurs, dit Capucin tout bas à l'oreille de Gavirot, ça n'a aucune importance... Pour ce que vous lui ferez faire...

— On va la faire chanter ! s'écria Estelle en battant des mains... Savez-vous quelque chose, ma petite ?...

— C'est que... madame... je n'ai rien appris...

l'excuser :

— Voyez-vous, dit-il, à Gavirot, il ne faudra pas trop la faire chanter... Ça vaudra mieux...

— Du tout, du tout, elle est très gentille !...

— Et je vous ferai travailler ! s'écria Estelle... Tenez, voilà comment il faut les chanter, *les Cuirassiers de Reischoffen*.

Et elle les chanta à son tour, avec un incomparable brio.

— Oh ! madame chante beaucoup mieux que moi, fit Suzanne.

Vers minuit, on se sépara.

— Au revoir, mademoiselle, dit Gavirot... Nous nous reverrons bientôt au théâtre.

— Vous êtes le plus aimable des hommes, dit Capucin.

Huit jours se passèrent sans nouvelles de Gavirot. Enfin Suzanne Mélisse recut un mot la priant de passer au théâtre. Elle y trouva le chef d'orchestre.

— Mademoiselle, lui dit celui-ci en lui présentant une partition ouverte, voulez-vous me déchiffrer cette valse?...

— Mais c'est que... monsieur... je ne sais pas...

— Alors, mademoiselle, il n'y a rien à faire pour vous ici...

Quelques mois plus tard, Gavirot et Capucin se rencontrèrent à une première des Délassements-Prématurés.

— Tiens! Capucin! s'écria Gavirot, les mains tendues... Qu'est-ce que vous devenez?... On ne vous voit plus, mon cher!... Je m'ennuie après vous, vous savez...

— Vous êtes le plus aimable des hommes...

— Dites donc, qu'est-ce que cette petite femme qui joue le rôle de la cocotte!... Elle est rudement gentille!

— C'est une petite camarade à moi... C'est moi qui l'ai fait engager ici...

— Eh bien! vous êtes gentil encoré, vous!... Vous avez des petites camarades ravissantes, et vous les conduisez à la concurrence!... Au lieu de me les amener?

— Mais, celle-ci, je vous l'ai amenée, mon cher... Et vous n'en avez pas voulu!...

Joies d'Auteur

Le contrôleur, *à l'auteur.* — Bonjour, monsieur, comment vous portez-vous?

L'auteur. — Pas mal, je vous remercie. Et vous?

Le contrôleur. — A la douce, à la douce.

L'auteur. — Mauvais temps pour les théâtres. Il a encore plu à l'heure du dîner.

Le contrôleur. — Ils font tout de même dans les six mille aux Fantaisies.

L'auteur. — Ah!... Il y a des théâtres qui ont la veine...

Le contrôleur. — Oh! vous savez, moi, je ne crois pas à la veine... je crois aux bonnes pièces... Tenez, j'étais contrôleur au théâtre de la Glacière quand on y a donné *le Petit Clairon*... Eh bien! tout Paris y est venu, et il y avait une trotte... Tous les soirs le maximum pendant trois mois... Refuser du monde, renvoyer des mufles en habit noir, c'est la joie et la revanche du contrôleur...

L'auteur, *avec un sourire forcé.* — Vous n'avez pas dû en renvoyer beaucoup, ce soir...

Le contrôleur. — Ça n'a pas trop mal marché, ce soir... Il est venu un peu de monde...

L'auteur. — Ah!... (*Avec hésitation,*) Combien?...

Le contrôleur. — Six cent trente... (*Tête de l'auteur.*) On a monté de vingt francs sur hier...

L'auteur. — Et pourtant, la pièce porte?...

Le contrôleur. — Oui, on ne s'ennuie pas... On a même applaudi M. Saint-Gratien hier au soir...

L'auteur. — Je vais faire un tour dans la salle... (*Le contrôleur veut lui donner un carton.*) Oh! je trouverai bien un coin.

(L'auteur s'asseoit sur un fauteuil et observe le public. Voici ce qu'il entend.)

— Si on s'en allait?

— Maintenant que nous sommes là, restons toujours jusqu'à la fin de l'acte.

— C'est toi qui as eu l'idée de nous conduire ici... Tous mes compliments...

— Mais, sacré nom d'une pipe, qu'est-ce que tout cela veut dire?

— Moi, je m'amuse énormément...

— Allons donc!...

— Que voulez-vous, c'est une manie, j'ai un faible pour les fours...

— Oh ! si j'avais seulement devant moi un beau chapeau de femme, bien grand, avec d'immenses plumes !... Comme ce monsieur là-bas... Il y a des gens qui ont de la veine !...

— J'ai envie de pleurer !...

— Quand je pense qu'il y a des gens qui font des pièces, et que l'agriculture manque de bras !

— Moi je plains les acteurs...

— Vous applaudissez ?...

— Oui... C'est trop idiot !...

SUR LA SCÈNE

LE RÉGISSEUR, *à l'auteur.* — Eh bien ! vous voyez, on la joue encore, votre pièce !...

L'AUTEUR. — Dame, nous ne sommes encore qu'à la huitième.

LE RÉGISSEUR. — C'est vrai, comme le temps passe !...

L'AUTEUR. — On la jouera bien encore quelque temps ?

pas monter une nouvelle pièce du jour au lendemain... Nous ne pourrons pas passer avant dix ou douze jours... Ah ! vous en avez, une veine !...

L'AUTEUR. — Est-ce qu'elle est bien, la prochaine pièce ?...

LE RÉGISSEUR. — Très bien, très amusante... J'espère que nous allons en avoir pour quelque temps...

L'AUTEUR. — Est-ce qu'on sait jamais ?...

LE RÉGISSEUR. — En tout cas, je ne m'étais pas trompé pour la vôtre... Vous m'excusez ?... Voici la claque qui applaudit... C'est la fin du deuxième acte... Il faut que je m'occupe du changement de décor...

DANS LA LOGE DU

JEUNE PREMIER RÔLE

LE JEUNE PREMIER RÔLE, *à l'auteur.* — Bonjour, monsieur... C'est gentil de venir nous voir...

Le RÉGISSEUR. — Oh ! oui... On ne peut

L'auteur. — J'ai toujours du plaisir à voir mes interprètes...

Le jeune premier rôle, *mettant ses bottes.* — Eh bien ! êtes-vous content ?

L'auteur. — Je ne suis pas mécontent.

Le jeune premier rôle, *mettant son casque.* — Jolie salle, ce soir... il y a du monde... Vous avez vu ? (*A son habil-*

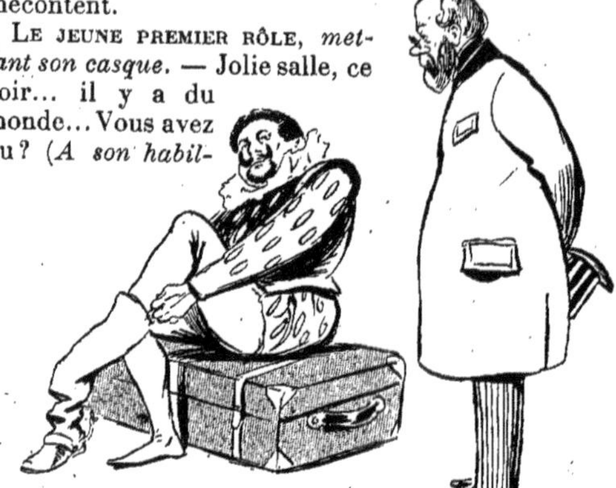

leur.) Passez-moi la cuirasse, là, tout doucement... (*A l'auteur.*) Oui... on a dû donner pas mal de faveurs...

L'auteur. — On a eu tort... Moi, j'en refuse à tout le monde...

Le jeune premier. — Il faut pourtant bien remplir la salle... Vous avez lu l'article du *Grand Courrier ?*... On y dit beaucoup de bien de moi...

L'auteur. — Oui, mais on y éreinte la pièce...

Le jeune premier. — Je n'ai pas lu ce qu'on disait de la pièce... Mais il ne faut pas faire attention à ce que disent les journaux... Ils auraient fait des articles dithyrambiques sur votre pièce, que ça ne lui aurait pas fait faire un sou de plus... En somme, on n'a pas encore emboîté... Pourtant, tout à l'heure, j'ai bien cru que ça y était...

L'auteur. — Je n'ai pas remarqué...

Le jeune premier. — Que si... que si... J'ai l'habitude de ces choses-là... Heureusement que j'ai sauvé la situation... Ah ! vous pouvez vous vanter d'en avoir, une veine !...

L'auteur. — Vous croyez...

Le jeune premier. — Tenez, je me rap-

pelle, une fois... C'était à Bayonne... Je jouais une pièce... mon Dieu, une qui n'était pas plus mauvaise que la vôtre... Eh bien ! mon cher monsieur de huit heures et demie à minuit, je n'ai pas cessé un seul instant d'être sifflé ! Vous voyez que vous en avez, une veine !... (*A l'habilleur.*) Mon épée... (*A l'auteur.*) Et, maintenant, je vais l'engueuler, votre public... Vous allez voir ça !...

Le comique. — Tiens, monsieur l'auteur !... Bonjour, monsieur l'auteur !...

L'auteur. — Bonjour, mon ami...

Le comique. — Eh bien ! êtes-vous content ?...

L'auteur. — Je ne suis pas mécontent...

Le comique. — Et vous avez bien raison... On ne réussit pas toujours, n'est-ce pas ?...

L'auteur. — Permettez...

Le comique. — Il n'y a que ceux qui ne font rien qui ne se trompent pas... Vous êtes un homme d'esprit qui prendra sa revanche... Et puis, l'honneur est sauf, vous savez...

L'auteur. — Non, je ne sais pas...

Le comique. — Oui, grâce à moi...

L'auteur. — Vous m'inquiétez...

Le comique. — Oui, vous comprenez, quand j'ai vu qu'ils ne rigolaient pas, mais là, pas du tout, je me suis dit que ça ne pourrait pas durer comme ça... Alors, je me suis permis de collaborer avec vous, oui, cher maître... Et je crois avoir fait quelques petites trouvailles, qui ne sont pas dans une boîte à grime; je vous le garantis...

L'auteur. — Vous savez que c'est bien dangereux, les traditions.

Le comique. — Oh! pas avec moi... Le public avale tout, avec moi... Je lui dirais : « Zut! » qu'il dirait encore que ça sent la violette... Ainsi, au premier acte, quand la petite Melvir dit : « On m'a volé mon petit!... Brigand, dis-moi ce que tu as fait de mon petit! » J'ajoute en aparté : « Tout ce qui est petit est gentil. » Ça a fait un effet!... On s'est tordu, littéralement!...

L'auteur. — Mais, c'est un effet à rebours!...

Le comique. — C'est un effet, et le tout, c'est d'avoir des effets ... Ainsi, vous voyez cette casserole?...

L'auteur, *épouvanté*. — Oui...

Le comique. — Savez-vous ce que je vais en faire?...

L'auteur, *d'une voix éteinte*. — Non...

Le comique. — Eh bien! mon cher, je vais tout à l'heure l'attacher à l'épée de Saint-Gratien...

L'auteur. — Vous ne ferez pas ça!...

Le comique. — Si... Il faut bien les amuser un peu...(*Il sort avec la casserole.*)

DANS LA LOGE DE L'ÉTOILE

L'étoile. — Tiens, voilà mon auteur!...

Bonjour, mon auteur!... (*Elle lui donne sa main à baiser.*)

L'auteur. — Mademoiselle, je me mets à vos pieds...

L'étoile. — Vous savez que je vous en veux beaucoup...

L'auteur. — Pourquoi cela, grand Dieu!...

L'étoile. — Après tout, je ne vous en veux pas... Vous êtes assez puni comme cela...

L'auteur. — Je ne comprends pas très bien...

L'étoile. — Vous ai-je assez demandé

de me faire un rôle à maillot?... Jamais vous n'avez voulu...

L'auteur. — C'est qu'il n'y avait vraiment pas moyen...

L'étoile. — C'est que vous n'avez pas voulu... Les rôles à maillot, c'est mon triomphe... tout Paris le sait bien... Si vous m'aviez donné un rôle à maillot, votre pièce eût été aux nues... Refuser un maillot à des jambes comme celles-là!... Le bon Dieu vous a puni...

L'auteur. — Mais vous êtes charmante dans votre rôle...

L'étoile. — Et votre pièce ne fait pas le sou... Ce n'est pas pour vous ennuyer que je vous dis ça!... Mais votre pièce ne fait pas le sou... Et moi non plus, par-dessus le marché... Enfin, heureusement qu'on ne va pas la jouer longtemps.

DANS LE BUREAU DU DIRECTEUR

LE DIRECTEUR. — Ah! vous voilà, vous!... (*Il est en train de compter sa recette.*)

L'AUTEUR, *timide*. — Je suis venu vous dire un petit bonjour, en passant...

LE DIRECTEUR. — Vous gagnez encore soixante-trois francs, ce soir!...

L'AUTEUR. — C'est peu...

LE DIRECTEUR. — Je vous conseille de vous plaindre... Je viens de verser soixante-trois francs pour vous aux au-teurs... J'en ai versé autant aux pauvres... Il me reste tout juste cinq cent quatre francs pour payer mon loyer, ma troupe, mon personnel et mon électricité... Ah! c'est ruineux, mon cher, de monter vos pièces...

L'AUTEUR. — Croyez bien que je suis aux regrets...

LE DIRECTEUR. — Oh! vous n'avez pas à vous excuser... Vous m'avez apporté une pièce... vous avez tâché de la faire jouer... C'est votre métier... C'est moi qui ai eu tort de la jouer, voilà tout...

L'AUTEUR. — Pourtant vous l'aviez trouvée bien...

LE DIRECTEUR. — Possible... Mais on ne m'y reprendra plus, je vous le garantis, à lire une pièce avant de la monter!...

Péchés de jeunesse

Il ne faut pas vous imaginer qu'Estelle de Némorin fut toujours la femme qu'elle est aujourd'hui, qu'elle eut toujours cet air innocent et réservé que nous lui vîmes l'autre jour, alors qu'elle sortait de la conférence de George Vanor sur la théorie du baiser.

Il y a une dizaine d'années, elle avait à peine dix-sept ans. Estelle de Némorin était, il est vrai, jolie comme un amour, mais elle était surtout singulièrement mal élevée, et encore plus mal embouchée. Si vous l'aviez connue comme moi, à cette époque, vous vous diriez qu'entre cette Estelle-là et celle d'aujourd'hui, il y a tout un demi-monde, et même davantage.

Elle était alors collée avec le compositeur Jean Volnay, et je vous garantis que ce petit ménage était la chose la moins banale que l'on pût imaginer. Volnay, bon gros garçon placide, semblait surexciter, par son calme et sa bonhomie imperturbables, tous les instincts faubouriens qui s'épanouissaient alors en Estelle de Némorin. Dès que nous entendions des cris, des injures, des gros mots, des bruits de gifle, nous pouvions être sûrs que Volnay et Estelle n'étaient pas loin.

Un jour, je me rappelle la chose comme si c'était d'hier, Volnay nous invita, Capucin et moi, à l'accompagner à Bordeaux, où l'on allait monter sa célèbre opérette : *les Lansquenets au monastère.*

C'était une amusante partie de plaisir, et nous acceptâmes. Capucin demanda seulement la permission, qui lui fut immédiatement accordée, d'emmener avec lui un petit numéro, tout récent, et dont il était, paraît-il, fort satisfait. La veille du départ, nous avions tous dîné chez Volnay, et Capucin, toujours gracieux et

prévenant, avait envoyé un panier de champagne. Malgré toutes les observations de Volnay, Estelle avait bu beaucoup plus que de raison, ce qui fait qu'après le dîner elle avait été insupportable. Volnay lui avait dit plusieurs fois d'aller se coucher, et, à chaque fois, elle l'avait envoyé promener.

Comme il fallait se lever de bonne heure le lendemain, Volnay avait fini par se lever, avait attrapé Estelle par le bras, et, aidé du petit numéro de Capu-

cin, l'avait emmenée, déshabillée et cou-

manger, quand soudain la porte s'ouvrit, et nous vîmes apparaître Estelle, dans le plus simple appareil, sans le plus léger vêtement sur elle. Nous, qui étions habitués à ses fantaisies et à ses coups de tête, nous n'étions pas trop surpris. Mais le petit numéro de Capucin ouvrait des yeux !

— Allons, qu'est-ce qui te prend encore ? dit Volnay. Est-ce que tu n'es pas folle ?

— Ma parole, s'écria Capucin, elle titube... Elle est complètement grise ?...

— C'est pas vrai, articula péniblement Estelle... On veut que je me couche... Eh bien ! je suis couchée... J'ai pas de chemise, n'est-ce pas ? Alors, c'est que je suis couchée... Et puis, foutez-moi tous la paix... Je suis couchée, j'ai sommeil, vous m'empêchez de dormir.

Elle s'étendit dans un fauteuil et se mit à ronfler. Il fallut la porter jusqu'au lit de Volnay.

chée. Puis il était venu nous retrouver.

Nous causions donc tranquillement depuis une demi-heure dans la salle à

Le lendemain, nous nous retrouvâmes tous à la gare. Je n'eus pas besoin de regarder longtemps Estelle de Némorin, pour m'apercevoir qu'elle était de fort méchante humeur.

Elle ne desserrait pas les dents, et paraissait bouillonner intérieurement.

Il y avait beaucoup de monde au départ, et nous dûmes prendre place dans un compartiment où se trouvaient déjà un monsieur et une dame.

Le train partit. Chacun de nous gardait un silence prudent : de crainte d'un esclandre qui ne tarda point d'ailleurs à se produire.

confectionnés par un tailleur concierge...

— Je les trouve très bien, vos vêtements...

— Volnay, lui, est un garçon correctement mis, et qui sait porter la toilette... Tandis que moi...

— Volnay!... lui, ce mufle!... ce salop!... ce cochon!...

Comme elle allait continuer, Volnay intervint pacifiquement :

— Allons! voyons, Estelle, tais-toi, je t'en prie... nous ne sommes pas seuls.

Tout à coup, Estelle saisit le revers du veston de Capucin et dit :

— Au moins, lui, Capucin, il s'habille bien.

Or, vous savez aussi bien que moi que Capucin, à cette époque, n'était point un modèle d'élégance, et s'en rendait parfaitement compte, tandis que Volnay était plutôt soigné dans sa mise.

— Oui, oui, reprit Estelle, tenant toujours le veston de Capucin, et s'adressant à Volnay : Capucin, lui, sait s'habiller.

— Vous voulez rire, mon petit chat, répondit Capucin, conciliant, mes vêtements ont toujours l'air d'avoir été

— Non, mais est-ce que tu vas m'empêcher de parler maintenant... Tu serais le premier homme, tu sais! Et puis je m'en fous, des gens qui sont ici!... C'est des salops!...

— Je te dis de te taire!...

V'li!... V'lan!... Volnay reçut une retentissante paire de gifles, tandis que le monsieur et la dame, pas tranquilles, se recroquevillaient dans leurs coins, et que le petit numéro de Capucin ouvrait des yeux de plus en plus étonnés.

*
* *

Nous arrivâmes à Bordeaux à l'heure du dîner. Nous étions descendus à l'hôtel des Princes et de la Paix.

Nous avions déjà pu voir, dans le trajet de la gare à l'hôtel, que les murs étaient couverts d'affiches annonçant, pour le lendemain, le commencement des représentations des *Lansquenets au monastère*, et donnant en grosses lettres le nom de Jean Volnay.

Volnay est un excellent garçon, mais il n'est pas inaccessible à la gloriole. Aussi, flatté, sans vouloir en avoir l'air, de toute cette réclame, il aurait voulu, dès le dîner, sortir, et s'en aller dans les cafés, pour entendre ce qu'on dirait de lui et se montrer aux Bordelais.

Pourtant, Estelle ayant déclaré qu'elle était fatiguée et qu'elle ne mettrait pas les pieds dehors, force nous fut donc de rester. Mais il fut convenu que, le lendemain, on ne traînerait pas au lit, et que l'on sortirait de bonne heure pour voir la ville, et être aussi vu d'elle.

A dix heures, Capucin, son petit numéro tiré à quatre épingles, et moi, nous pénétrions dans la chambre de Volnay. Celui-ci, trépignant d'impatience, regardait Estelle qui faisait sa toilette sans se presser.

Quand il nous vit entrer, il nous dit d'un air désespéré :

— Nous en avons jusqu'à midi...

— Mais, pas du tout, pas du tout, fit Estelle, j'en ai pour cinq minutes...

Dix bonnes minutes se passèrent.

— Je t'en prie, reprit Volnay, dépêche-toi...

— Je te dis que j'en ai pour cinq minutes... Seulement vous êtes tous là à regarder mon derrière... Alors, ça me gêne ... Descendez m'attendre au salon... Je vous rejoins dans cinq minutes...

Nous descendîmes. Les cinq minutes succédaient aux cinq minutes, et Estelle ne paraissait toujours pas. Volnay arpentait fiévreusement la pièce. Il se disait, à part lui, que les journaux de la ville avaient annoncé son arrivée, et que partout on devait chercher à le rencontrer, à le voir.

Au bout d'une demi-heure, il n'y tint plus :

— Partons, dit-il.

— Sans Estelle ? fit Capucin.

— Elle nous rejoindra au café de Bordeaux... Ta petite amie ira lui tenir compagnie et l'aidera à se dépêcher...

— Prends garde, dit Capucin, tu vas la mettre de mauvaise humeur.

— Tant pis... Je ne peux pas, tout le temps, être à ses ordres... Et puis, j'ai du monde à voir...

Et tandis que le petit numéro de Capucin remontait auprès d'Estelle, nous nous rendîmes au café de Bordeaux.

Toute la troupe y était déjà réunie, en train de prendre l'apéritif. Il y avait Saint-Gratien, qui avait dix ans de moins qu'aujourd'hui, et le directeur du théâtre, qui était alors Gavirot.

— Tiens, voilà Volnay ! s'écria Saint-Gratien.

— C'est Volnay ! répéta Gavirot.

— Bonjour, monsieur Volnay, dirent les artistes en se levant.

Je vous assure que Volnay n'aurait pas

donné sa place pour un empire. Etre appelé par son nom et à haute voix, dans le café le plus important de la ville ! D'autant plus qu'il voyait très bien, du coin de l'œil, que les autres consommateurs le regardaient avec curiosité, et qu'il entendait chuchoter de table en table :

— C'est Volnay... c'est Volnay...

Il s'assit, et tout le monde fit cercle autour de lui.

Quant à nous, nous riions, sous cape, de voir cet excellent garçon devenir peu à peu et inconsciemment solennel. Il appela le garçon d'une voix forte et commanda intelligiblement une absinthe à l'anis.

Puis il se mit à parler de Paris, des théâtres, des journaux, du monde des coulisses et de la fête. Peu à peu, il se grisa de ses propres paroles, — il parle d'ailleurs fort bien et avec esprit, — et

Certainement cette prise de possession

du café de Bordeaux par Jean Volnay serait l'événement du jour et fournirait le sujet d'articles intéressants au plus haut point.

commença une véritable conférence.

Tout le monde l'écoutait avec une véritable extase, et les rédacteurs des journaux bordelais prenaient fiévreusement des notes.

— Voyez-vous, disait Volnay, il faut avant tout être philosophe. Je n'ai certes pas à me plaindre de la destinée, bien que mes jours de veine aient été parfois entrecoupés d'heures de sombre guigne. Mais je professe une théorie qui me permet de prendre toujours la vie du meilleur côté. Je prétends qu'il faut toujours s'attendre à tout. Aussi, en quelque circonstance que ce soit, bonne ou mauvaise, je m'attends toujours à tout...

V'li!... V'lan!... Estelle de Némorin venait de pénétrer comme une furie dans le café de Bordeaux, suivie du petit numéro de Capucin de plus en plus étonné, et venait d'administrer à Volnay une retentissante paire de gifles :

— Ah ! salop !... ah ! cochon !... ah ! chameau !... s'écria-t-elle, c'est comme ça que tu me plaques !... Je t'apprendrai à plaquer une femme comme moi pour t'en aller faire le jacques au milieu d'un tas de fausses-couches !...

Vous le voyez, Estelle de Némorin, sans être encore une perfection, a beaucoup, beaucoup changé à son avantage.

Souvenirs d'autrefois

J'ai voulu, avant qu'elle ne fermât seportes, aller visiter, au Petit Palais des Champs-Elysées l'exposition de l'enfance. J'y ai passé deux heures exquises et mélancoliques tout à la fois. D'aucuns prétendent que tous ces jouets, tous ces soldats de plomb, toutes ces poupées, tous ces portraits de bébés joufflus et roses les rajeunissent. Ils m'apportent, au contraire, le regret de n'avoir plus six ans, ni mes chaussettes de fil d'Ecosse blanc, ni ma robe écossaise blanche et noire, ni ma chemisette de batiste, ni ma veste à basques et à boutons de cuivre, ni mes belles boucles blondes qui me donnaient l'air d'une petite fille bien sage, entre deux autres petites filles bien sages qui étaient mes sœurs.

Il faut croire que, chez beaucoup d'autres, cette mélancolie, si elle existe, se mêle d'un peu de vanité, car un grand nombre de nos contemporains, aujourd'hui célèbres ou seulement notoires, ont pris plaisir à exposer, en un petit salon spécial, leurs portraits aux différents âges de leur enfance.

Et c'est ainsi que j'ai admiré successivement un petit Camille Saint-Saëns, déjà pianotant; une petite Sarah Bernhardt, une Sarah gosse, dirait Ferdinand Brunetière, à l'air assez emprunté; ledit Ferdinand Brunetière, à quatre ans, joufflu et sans binocle; un petit Alexandre Dumas, tout fier de son grand cerceau; une petite Séverine, et de petits Alphonse Allais, de petits Léon Bourgeois, de petits Joseph Reinach, de petits Jules Claretie.

Voici M. Paul Deschanel, et le prince de Galles, et la reine Victoria, et Nicolas II, et Victor-Emmanuel, et Camille Flammarion, et Mlle Ackté, et Coquelin aîné, et Coquelin cadet, et Edouard Detaille, et Forain et Albert Carré.

Il est toute une série de portraits qui ont particulièrement retenu mon attention, et qui présentent les traits de personnalités auxquelles je pense que s'intéressent nos lecteurs.

J'en parlerai donc avec quelques détails.

Ce petit bambin de quatre ans, tenant une trompette à la main et coiffé d'un chapeau bicorne en papier, c'est Gavirot, aujourd'hui directeur du théâtre des Fantaisies-Absentes. Gavirot, à cet âge, souhaitait, sans doute, d'être général. Le voici à six ans, en pantalon, avec une belle raie à gauche, partageant ses cheveux épais et drus. La raie, il l'a encore aujourd'hui; mais ce sont les cheveux qui manquent. Voici encore Gavirot à dix ans. Il est en collégien et tient, sous son bras, un beau

livre; sa tête est ceinte d'une couronne de lauriers.

Dans ce bébé de quatre mois qui fourre son gros orteil dans son nez, reconnaîtriez-vous Marécat, l'auteur de tant de pièces applaudies? Le voici encore à califourchon sur un cheval de bois, et se cramponnant à la crinière d'un air pas très rassuré. Et c'est encore lui, en berger Watteau, alors que ses parents voulaient sans doute conserver le souvenir d'une matinée costumée, où il avait été fort admiré.

Cette vitrine est tout entière consacrée au célèbre acteur Saint-Gratien, au jeune premier définitif que l'Europe entière nous envie depuis bientôt un demi-siècle.

C'est d'abord un pastel, dans la manière des artistes de la Restauration, nous montrant un adorable chérubin, à la bouche rose entr'ouverte sur une double rangée de perles, un collier de corail entourant le cou potelé, des yeux fendus en amande et semblant refléter le ciel. Le bébé est à moitié assis, à moitié étendu sur un de ces canapés semblables à ceux qu'affectionnait Mme Récamier, tandis que par terre un petit chien jappe.

Tout à côté, voici un garçonnet de quatre ans, en jupe courte, en pantalon blanc descendant jusqu'à la cheville, un chapeau à la main, une ombrelle de l'autre. Puis, c'est Saint-Gratien à cinq ans. Il porte un costume de pâtre corse, le costume de ses débuts, alors qu'il créa un rôle d'enfant dans un mélodrame représenté au Petit Lazari. Puis c'est encore Saint-Gratien, en enfant de troupe de l'armée d'Afrique.

Et il y a aussi des objets et des jouets ayant appartenu à Saint-Gratien, des souliers, un manchon, un bracelet, un fouet, une guimpe, un arc, des quilles,

une ceinture de moire verte, un jupon
blanc brodé, un cerf-volant, des mi-
taines, etc., etc.

Une foule énorme se presse devant
cette vitrine, à côté de laquelle, souriant
et modeste, se tient le grand artiste.

**

Mais j'ai hâte d'arriver aux portraits
d'enfant de la toute charmante Estelle
de Némorin. Ici, ce ne sont plus des des-
sins, ce sont des photographies.

Voici donc Estelle, âgée de quelques
mois. Elle est assise sur les genoux de
sa mère. Elle est complètement nue.
Quelques connaisseurs, arrêtés devant
cette photographie, font des comparai-
sons entre l'Estelle de cette époque et
l'Estelle d'aujourd'hui. Ne possédant
aucun élément de contrôle, je ne puis
vérifier l'exactitude de leurs dires. Mais
ce que je ne puis m'empêcher de remarquer, c'est la candeur du regard, qui
s'affirme déjà chez une enfant si jeune.

Cette candeur, je la retrouve dans le
portrait d'Estelle de Némorin, en première communiante, tenant un cierge en
sa petite main avec une assurance de
bon augure. Je la retrouve encore dans
le portrait fait d'elle l'année suivante, et
qui porte l'inscription : *Portrait de
Mlle Estelle de Némorin et de son parrain*.
La fillette aux yeux candides est assise
sur les genoux du comte de Vice-Versa,
et pleure à chaudes larmes. Quel petit
drame a bien pu se passer en cette âme
enfantine?

Cette petite fille, en train de bercer
une poupée, c'est Loulou de Némorin.
Puis voici les deux sœurs sur la même
photographie. Estelle déjà grandelette
et tenant par la main Loulou plus bébé.
Derrière elles se tient Mme de Némorin
mère, donnant le bras à un monsieur
qui, au moment où l'opérateur prononçait
sans doute le sacramentel : « Ne bou-
geons plus », a jugé bon de placer, d'un
geste rapide, son chapeau haut de forme
devant sa figure.

**

J'allais me retirer, enchanté de cette
excellente journée, quand j'eus la bonne
fortune de me rencontrer nez à nez avec
Estelle et Loulou de Némorin, qu'es-
cortait Saint-Gratien qui avait quitté sa
faction pour accompagner les deux charmantes artistes.

Charmantes, elles l'étaient réellement,

avec leurs toilettes claires et leurs chapeaux printaniers. Exclamations joyeuses
poignées de main, et, quelques secondes
après, nous étions assis devant une
petite table garnie de gâteaux et de boissons rafraîchissantes, tandis qu'en face
de nous, l'orchestre des lautars égrenait
ses valses les plus entraînantes.

— Vous en avez un succès! dis-je à
Estelle. Les grands cercles semblent
s'être donné rendez-vous devant vos
gentils portraits de gosse!...

— Vous allez me faire rougir, répond
Estelle.

— Avez-vous remarqué, observe Saint-
Gratien, avec quel admirable instinct le
public des expositions se dirige vers les
sujets qui sont susceptibles de l'inté-
resser! Ainsi, tandis que tous les hommes
chics de Paris semblent se donner

rendez-vous devant les portraits d'Estelle et de Loulou, mes portraits à moi semblent attirer invinciblement tout ce que la capitale compte de jeunes femmes, jolies et élégantes...

— Tout ça ne nous rajeunit pas, ob-

serve Loulou avec une moue délicieuse.

— Allons, mademoiselle Loulou, ne posez pas pour la vieille dame. Il n'y a pas bien longtemps, j'en suis sûr, vous jouiez encore à la poupée...

— Cela m'arrive encore quelquefois, répond Loulou, avec un sourire mutin. Le baron adore ça...

— Loulou! fait Estelle sévèrement... Je te prie de tenir ta langue devant ces messieurs...

— Si je ne peux plus parler du baron, maintenant!... C'est un homme chic et bien posé, n'est-ce pas?... J'en connais, des femmes, qui seraient fières de proclamer partout bien haut qu'elles sont avec lui...

— Possible, répond Estelle... Mais ce n'est pas le jour de parler de tout ça...

Et la jolie Estelle est devenue soudain rêveuse, son regard devient lointain, lointain. Et elle continue, d'une voix également lointaine :

— Petite fille!... Être une petite fille!... Laissez-moi oublier ce que je suis devenue, l'artiste adulée, fêtée, la femme élégante, courtisée, laissez-moi me débarrasser de tout ce que la vie a mis de factice en moi, laissez-moi me reporter aux heureuses années de mon enfance, laissez-moi retrouver mon âme de petite fille!

— Nous te laissons, dit Saint-Gratien... Nous ne te dérangeons pas... Continue...

— Pourtant, remarque Loulou, si tu te rappelles, c'était pas tous les jours la noce, pour nous, quand on était mômes... Ce que maman nous en flanquait, des taloches!... Plus tard aussi, d'ailleurs, mais pour d'autres raisons...

— C'est égal, répond Estelle, c'était le bon temps!... Ah! être petite fille!...

Et elle ajouta comme correctif :

— Et savoir tout ce que je sais!...

La rentrée d'Edgar

Depuis plus. d'un mois, les journaux ne parlaient que de la rentrée du célèbre ténor Edgar Sorel, dans un drame lyrique spécialement écrit pour lui.

C'était là une précaution utile en même temps qu'un hommage flatteur. Il était, en effet, indispensable d'écrire une musique spéciale pour Edgar Sorel, eu égard

à l'état tout particulier de ses cordes vocales : celles-ci étaient devenues molles et sourdes. Et, depuis quelques années déjà, Edgar Sorel chantait avec son nez, avec ses épaules, avec ses yeux, avec ses coudes, avec tout enfin, sauf avec sa gorge.

Edgar Sorel, il est vrai, n'avait jamais eu beaucoup de voix. Un filet fort agréable, conduit avec beaucoup d'artifice, lui avait valu de nombreux succès, dus, en même temps. à son agréable prestance, à sa taille élancée, à sa beauté commune, mais d'un effet sûr auprès des mondaines ayant la pâmoison facile.

Edgar Sorel avait donc été sacré, il y a trente ans, ténor et ténor célèbre à bonnes fortunes. Et, au bout de ces trente années, grâce à une réclame savamment organisée, malgré ses cinquante-quatre ans bien sonnés, Edgar Sorel, portant beau encore, bien ciré, bien sanglé, bien pomponné, faisait encore recette, et avait encore des succès féminins.

Seulement, de telles prouesses n'avaient pas été sans exercer une influence fâcheuse sur sa voix, qu'il eût pu conserver, faible mais agréable, grâce à une vie régulière et à une hygiène normale, comme l'illustre Saint-Gratien, mais dont il avait précipité la déchéance par une faiblesse trop complaisante à l'égard des conquêtes amoureuses.

D'ailleurs, fort habilement, il ne chan-

tait que deux mois par an à Paris, occu-
pant le reste du temps avec des tournées
à l'étranger, où son nom seul attirait le
public. A Paris, d'ailleurs, il en était de
même à chaque printemps. On savait
qu'Edgar Sorel ne chantait plus qu'avec
son nez, ses épaules, ses yeux et ses
coudes, mais il avait les femmes pour
lui, et cela suffisait à assurer son succès.

* *

Donc, depuis plus d'un mois,

« L'Administration du théâtre présente
ses excuses au public, qu'elle a été dans
l'impossibilité de prévenir en temps op-
portun. M. Edgar Sorel ayant été atteint,
une demi-heure avant l'heure du spectacle, d'un enrouement soudain, la répétition se trouve donc remise à une date
qui sera ultérieurement fixée. »

De nombreux groupes se réunirent
autour de ces petites affiches écrites
hâtivement à la main, des groupes
d'hommes, naturellement, qui se mirent
à exhaler leur mécontentement à l'endroit d'Edgar Sorel.

— Il n'en fait jamais
d'autres...

— C'est tous les ans la
même chose... Il
nous dérange pour
rien...

— Tout cela,
c'est pour se rendre
intéressant...

— Encore un

les journaux ne parlaient que de la rentrée du célèbre ténor Edgar Sorel, dans
un drame lyrique spécialement écrit pour
lui.

Le jour de la répétition générale arriva. Depuis huit jours, on se disputait les
cartes d'invitation, et l'on racontait tout
bas que certaines dames de la meilleure
société avaient fait des bassesses auprès
de personnages influents afin d'en obtenir. La répétition générale devait avoir
lieu dans l'après-midi, à deux heures.

Or, quelle ne fut pas la stupéfaction
du brillant et nombreux public en lisant,
en arrivant au théâtre, la note suivante,
affichée dans le vestibule et dans les
couloirs :

coup de réclame...

— Que voulez-vous?... Il ne se soutient
que comme ça!...

— Dame... ce n'est plus avec sa voix...

— Car on ne peut pas dire qu'il empêche d'entendre voler les mouches!...

— En tout cas, le procédé est d'un
grossier!...

— Se moquer ainsi de la presse!...

— Il ne l'emportera pas en paradis!...

Du côté des femmes, au contraire,
c'était un concert de lamentations sym-
pathiques, de mignardes jérémiades.

— Pauvre Sorel!... il aura commis
quelque imprudence...

— Il ne se ménage pas assez!...

— Avec un organe si fragile!...

— Oui, mais quel joli organe!... Il sait s'en servir comme pas un!...

— Le fait est qu'il sait chanter...

Que se passait-il de l'autre côté du rideau?

Le directeur, les auteurs, le régisseur s'arrachaient les cheveux. Quant aux

. — C'est un souffle, mais un souffle délicieux!...

— Et puis il est si distingué!...

— Comme il le répète souvent lui-même : « Jusque sur la scène, même en maillot, je reste homme du monde!... »

artistes, ils la trouvaient bien bonne et se tordaient entre eux.

A une heure, le directeur avait reçu un bref télégramme de Mme Sorel, l'informant que son mari se trouvait dans l'impossibilité de venir chanter.

— Ah! en voilà un qui n'est pas cabotin !

* *

Il avait sauté en voiture et s'était rendu au domicile du ténor. Il avait été reçu par Mme Sorel.

— Votre mari est dans l'impossibilité de chanter?

— Oui, monsieur, dans la plus complète impossibilité.

— Il est malade?

— Lui?... Il ne s'est jamais mieux porté, la crapule...

— Alors, pourquoi ne peut-il pas venir?

— Parce que je l'ai enfermé dans sa chambre !...

— Ah! vous me rassurez !... J'avais peur qu'il ne fût enroué !

— Ah! c'est tout comme, maintenant... Mais je vous assure qu'hier, il ne l'était pas, la fripouille !

— Hier?... Que s'est-il doné passé ?

— Figurez-vous que je venais de faire ça !... Il se retourne et me reconnaît... La fureur me rendait muette... Quant à lui, blême de peur, il ne trouvait que cela à dire : « Ma bonne amie... ma bonne amie... ma bonne amie... » La petite femme, elle, avait sauté sur ses pieds, et, en boutonnant sa jaquette, elle disait : « Veuillez donc envoyer voir si ma voiture est en bas? » Alors la parole me revient : « Ta voiture !... Vas-y donc voir toi-même, si ta voiture est en bas, espèce de taupe ! Vas-y donc voir toi-même !... » Et je vous la reconduis jusqu'à la porte en lui bottant le... Elle avait justement une robe tailleur... Il n'y avait pas à se tromper... Ce qu'elle détalait, en levant

des courses... C'était peu de temps avant le dîner... Je demande au domestique si monsieur est rentré... Il me répond : « Oui », mais d'un drôle d'air... Alors, je me dirige droit vers le salon... Le domestique fait mine de m'arrêter... « C'est que monsieur est avec quelqu'un... » Vous pensez si je ne fais qu'un bond... J'ouvre la porte toute grande !... Et qu'est-ce que je vois !... Ah! le cochon !... Il était là avec une petite femme... Oh! une femme du monde, sûrement... Elle avait des jarretelles, et il y a longtemps que les grues y ont renoncé...

« D'abord, je ne l'avais pas vue, la mâtine !... Elle était cachée !... Mais j'ai vite compris... Mon sang n'a fait qu'un tour !... J'empoigne mon saligaud de mari par les épaules, et je vous le secoue comme un vieux prunier !... Il fallait voir les bras au ciel, et en disant : « Quel monde !... Quel monde ! »

— Et votre mari?...

— Attendez... Je reviens à lui... Il avait un air penaud... Il commence à vouloir s'expliquer : « Je t'assure, ma bonne amie... — Pas d'explications, espèce de satyre ! » que je lui réponds. Et je le pousse jusque dans sa chambre, où je l'enferme à clef...

— Mais vous allez ouvrir, j'espère !...

— Pas avant trois jours !...

— Vous ne ferez pas ça, madame !... Et ma répétition générale !...

— Je m'en bats l'œil de votre répétition générale !... Ça lui apprendra à faire des cochonneries sous le toit conjugal !...

— Mais tout le public qui va arriver... Toute la presse qui est convoquée !...

— Mais, mon pauvre monsieur, si je

le tiens enfermé, c'est moins pour le punir que... Si je le laissais aller au théâtre, ce serait une tape formidable!... Il ne peut plus pousser une note, le malheureux... Après la petite séance d'hier!... Je connais ça, allez... Il en a pour trois jours, avant que ça ne revienne... Je vous dis que je connais ça!...

— Vous êtes sûre?

— Tenez, pour vous convaincre, je vais vous conduire auprès de lui...

Et, tirant un verrou, faisant tourner une clef dans une serrure, Mme Sorel fit pénétrer le directeur dans la chambre d'Edgar. Le ténor était assis sur un tabouret bas et était en train d'écosser des petits pois...

— Il faut qu'il ait tout écossé avant le dîner, dit Mme Sorel...

— Alors, ça ne va donc pas, mon pauvre Sorel? interrogea le directeur.

Sorel, rougissant et confus, ne répondit rien, se bornant à porter un doigt à sa gorge et à ses lèvres... La fâcheuse aphonie!...

* * *

Et voilà pourquoi la répétition générale ne put avoir lieu que trois jours plus tard. Edgar Sorel, qui avait repris possession de tous ses moyens, chanta avec son nez, ses épaules, ses yeux et ses coudes, et fut acclamé.

Mais on remarqua qu'il n'y avait personne dans la loge de la comtesse de... Mais, chut!... Pas d'indiscrétion!

Le pot-au-feu de Mme Saint-Gratien

La répétition était terminée. Saint-Gratien, ayant revêtu son ulster et s'étant coiffé de son feutre, était descendu sur le boulevard. Et là, ayant allumé un cigare que lui avait offert l'auteur de la pièce, il se promenait de long en large devant le théâtre, la poitrine bombant, les mains derrière le

— C'est Saint-Gratien.

Le jeune Clodomir Eloi vint à passer. En réalité, Clodomir Eloi s'arrangeait

dos, l'œil vif et le nez au vent.

Les marchands de billets le saluaient avec déférence, et quelques personnes, en le croisant, disaient :

de manière à se trouver souvent devant les Fantaisies-Absentes vers six heures, car il savait avoir des chances d'y rencontrer Saint-Gratien. Il était flatté de la bienveillance que lui témoignait le grand artiste, il était fier d'être vu avec lui.

Il s'avança le chapeau à la main :

— Bonjour, monsieur Saint-Gratien.

— Bonjour, mon ami... Ma foi, je vous attendais presque...

— Vrai, vous aviez la bonté...

— C'est vrai, il y a bien deux jours qu'on ne vous a vu !...

— Vous avez eu la bonté de remarquer !

— Oui... Vous êtes un aimable garçon... Et puis, vous n'êtes pas un cabotin, vous !... Et c'est si bon de sortir de temps en temps de cet horrible monde des théâtres...

— C'est que vous êtes blasé, monsieur Saint-Gratien... Il m'attire, au contraire, il m'éblouit...

— Voyons, mon ami, vous n'allez pas vous emballer ?... Qu'est-ce que vous faites ce soir ?...

— Moi ?... Ma foi, rien...

— A merveille... Mme Saint-Gratien a justement mis le pot-au-feu aujourd'hui... Venez donc le manger avec nous...

— Oh ! monsieur Saint-Gratien !... Un pareil honneur !... Toute une vie de reconnaissance...

— Allons, vous n'allez pas faire de phrases... C'est tout à fait sans cérémonie...

— J'accepte, monsieur Saint-Gratien, j'accepte... A quelle heure vous retrouverai-je ?...

— Comment, vous vous en allez ?...

— Le temps d'aller passer mon habit...

— Vous êtes fou !... Puisque je vous dis que c'est tout à fait sans cérémonie !... Venez comme vous êtes... Seulement il est encore bien tôt pour remonter à la maison... Si on allait prendre l'apéritif, hein ?... Allons, venez prendre l'apéritif avec le papa Saint-Gratien...

Le comédien et le jeune homme entrèrent au café de Suède. Le garçon apporta immédiatement à Saint-Gratien son absinthe coutumière, beaucoup d'absinthe, peu d'eau, pas de sucre. Quant à Clodomir Eloi, il prit un petit verre de quinquina.

— Si on faisait un jacquet ? dit Saint-Gratien.

— Avec plaisir, répondit Clodomir Eloi.

— Garçon, un jacquet !...

Le garçon apporta le jacquet et Saint-Gratien reprit :

— Vous n'êtes pas encore très fort à ce petit jeu-là... Je m'en vais vous donner une bonne leçon...

— Il y a toujours à apprendre avec vous, monsieur Saint-Gratien.

— Combien jouons-nous la partie ?...

— Ce que vous voudrez...

— Nous ne jouons pas pour gagner de l'argent, n'est-ce pas ?... Vingt sous, ça vous va-t-il ?...

— Parfaitement.

Au bout d'une heure, Saint-Gratien avait bu six absinthes et gagné cinq parties à Clodomir Eloi.

— Vous voyez, fit-il, en empochant les

cent sous que lui tendait le jeune homme, c'est un petit jeu qui n'est pas ruineux... Garçon !...

En prononçant ce dernier mot, il por-

tait la main à son gousset.

— Non, non, je ne permettrai pas, s'écria Clodomir Eloi en l'arrêtant... Cela me regarde...

— Oh ! comme vous voudrez, fit Saint-Gratien avec insouciance.

Et Clodomir Eloi paya les consommations.

— Et maintenant, cria Saint-Gratien de sa plus belle voix de poitrine, allons dîner !...

*⁎
⁎ ⁎*

Les deux hommes sortirent. Saint-Gratien avait passé son bras sous celui de Clodomir et s'appuyait paternellement sur lui, ce qui lui sembla une faveur insigne.

De temps en temps, il envoyait un amical bonjour de la main à quelque passant.

— C'est Lavedan... c'est Donnay... c'est Hervieu... c'est Porto-Riche... disait-il à Clodomir, lequel, ne connaissant aucun de ces hommes célèbres, s'extasiait sur le monocle de M. Lavedan, sur la barbe blonde en éventail de M. Donnay, sur les cheveux noirs bouclés de M. Hervieu, ou sur le ventre de M. Porto-Riche.

Après quelques pas, Saint-Gratien s'arrêta, comme s'il réfléchissait profondément. Puis :

— Si on rapportait un peu de charcuterie ?...

— Mais certainement... C'est une excellente idée...

Et tous deux entrèrent chez un charcutier.

— Voyons... qu'est-ce qu'on pourrait bien rapporter? interrogea Saint-Gratien...

— Ces messieurs trouveront tout ce qu'ils peuvent désirer, fit la charcutière. Ces messieurs désirent-ils quelques

— Oh! monsieur, comment pouvez-vous dire!...

— C'est qu'on ne me le fait pas, à moi!... Montrez-moi donc ce pâté de Strasbourg, là-bas, oui, dans une boîte de bois blanc...

— Voici, monsieur...

— Combien?...

— Dix-huit francs...

— Moi, mon cher, dit Saint-Gratien à Clodomir, je ne sais pas si vous êtes de mon avis, mais j'aime mieux me

tranches de jambon, ou de roastbef, du veau piqué, des rillettes de Tours, une petite terrine de foie gras?...

— Eh, eh! que diriez-vous d'un peu de foie gras?... Voulez-vous un peu de foie gras?...

— Mais ce n'est pas de refus, monsieur Saint-Gratien.

— Seulement, madame la charcutière, je me méfie de vos terrines de foie gras... C'est toujours moitié farce...

priver des choses que de ne pas avoir la meilleure qualité... Rien ne m'oblige à prendre du foie gras, n'est-ce pas?... Mais si j'en prends, je prétends qu'il soit irréprochable...

Et, disant ces mots, il porta la main à son gousset...

— Non, non... Je ne permettrai pas, s'écria Clodomir Eloi en l'arrêtant... Cela me regarde!...

— Je ne veux pas vous désobliger, dit

Saint-Gratien en laissant retomber sa main vide... Faites donc...

Et Clodomir paya le pâté de foie gras de Strasbourg.

— Alors... c'est moi qui vais le porter, dit Saint-Gratien.

— Du tout, du tout, fit Clodomir... Je ne permettrai pas...

Ils marchèrent encore quelques pas. Soudain Saint-Gratien s'arrêta.

— Qu'est-ce que vous aimez boire !... de la bière?... du cidre?... du vin?... Hein! qu'est-ce que vous diriez d'une bonne bouteille de vin vieux?...

— Excellente idée !...

A chaque fois, Saint-Gratien mettait la main à son gousset, mais c'était Clodomir qui payait.

**

Quand tous les achats furent terminés, ils se rendirent vers les hauteurs où Saint-Gratien avait installé son nid d'aigle.

Et les passants regardaient avec curiosité cet homme à la majestueuse allure, qu'accompagnait un jeune garçon, chargé de victuailles.

— Je veux vous faire boire une bonne bouteille de vin vieux... Je connais, à deux pas d'ici, un petit marchand de vin qui vous a un de ces Moulin-à-Vent 1878 dont vous me direz des nouvelles !...

Ils entrèrent chez le marchand de vin, et Saint-Gratien choisit trois bouteilles poussiéreuses que Clodomir insista pour payer.

Puis, on s'en fut acheter des fruits, du fromage, de la salade, pour manger avec le foie gras, des biscuits, de la chartreuse, des cigares, un gâteau, de l'eau minérale.

Ils montèrent des rues, et des rues, et d'autres rues. De temps à autre, Saint-Gratien s'arrêtait avec condescendance pour laisser souffler Clodomir.

Un camelot passait, criant un journal du soir. Saint-Gratien l'appela, prit une feuille, et insista cette fois pour la payer. Clodomir, n'ayant pas les bras libres, dut le laisser faire.

Ils arrivèrent enfin devant une maison que rien ne distinguait de celles qui l'entouraient.

— C'est ici, dit Saint-Gratien.

Et il passa le premier.

— Je vais vous indiquer le chemin.

Ils traversèrent une cour et gravirent cinq étages. Saint-Gratien s'arrêta devant une des nombreuses portes qui garnissaient le palier, fit jouer une clef dans la serrure et entra.

— Je vais aller prévenir Mme Saint-Gratien, fit-il.

Et il laissa Clodomir, les bras chargés de paquets, dans l'antichambre.

Clodomir ne tarda pas à entendre les éclats de voix. Puis une porte s'ouvrit, et Mme Saint-Gratien fit irruption dans l'entrée, suivie de son mari.

— Tu n'en fais jamais d'autres ! s'écria-t-elle. Tu amènes quelqu'un dîner, et tu sais qu'il n'y a rien ! J'ai mangé les restes du déjeuner... Puisque tu avais prévenu que tu ne rentrerais pas !...

— Ma bonne amie, répondit Saint-Gratien avec une grande noblesse, tu sais bien que je n'ai jamais fait d'affront à personne. Allons, mets vite le couvert... J'ai apporté tout ce qu'il faut !...

Et se tournant, avec bonhomie, vers Clodomir :

— Il faudra bien nous passer du pot-au-feu... Ce sera pour la prochaine fois.

L'en-cas de Saint-Gratien

Estellé de Némorin et sa sœur Loulou étaient en bombe. Le comte de Vice-Versa et le baron Vapiano se trouvaient simultanément en voyage, et les deux charmantes artistes profitaient naturellement de cette absence de leurs sei-

gneurs et maîtres pour rire et s'amuser un brin, et en société comme de juste. Rien n'est plus normal ni plus naturel, j'en appelle à toutes les femmes.

Ce n'étaient donc que dîners fins dans les restaurants à la mode, que soupers en cabinets particuliers, que vadrouilles dans les brasseries et dans les petites boîtes de Montmartre, le tout en com-pagnie de gigolos variés, quoique infiniment semblables. En bonnes filles, elles ne manquaient pas d'apporter, chaque matin, à Mme de Némorin mère quelques friandises pieusement mises de côté pour elle.

Un soir, en soupant avec Georges et Maurice Bridel, les deux fils du richissime épicier de l'avenue de l'Opéra, elles lui avaient parlé de leur camarade Saint-Gratien. Et elles les avaient fait rire aux éclats, en leur racontant comment Saint-Gratien s'était fait offrir un dîner complet par le jeune Clodomir Eloi, sous prétexte de lui faire goûter un pot-au-feu imaginaire confectionné par Mme Saint-Gratien.

— Il faut que vous nous fassiez connaître Saint-Gratien! s'écria Georges Bridel.

— Excellente idée, opina Maurice. On va se payer sa tête. Invitez-le à dîner pour demain.

— Il ne pourra pas venir, ou bien il sera forcé de nous quitter dès le dîner, fit Estelle. Il n'a pas notre chance, il est de la pièce qu'on joue pour le moment.

— Bah! dit Loulou, il se fera doubler!... Gavirot fait tout ce qu'il veut. Seulement, il vaut mieux remettre le dîner à après-demain... Comme cela, nous aurons le temps de passer demain soir au théâtre et de l'inviter...

Le lendemain soir, Estelle et Loulou de Némorin se rendirent aux Fantaisies-Absentes et montèrent dans la loge de Saint-Gratien. Celui-ci était en train d'achever de se pomponner.

— Tiens! s'écria-t-il, voilà mon petit attelage!... C'est gentil, ça, de venir me dire bonsoir... Il y a un siècle qu'on ne s'est vus... Et quoi de neuf?... Le comte est en bonne santé?... Et le baron, toujours amoureux, toujours généreux?...

— Ces messieurs sont en voyage, répondit Loulou.

— Et c'est même pour ça que nous sommes venues te voir.

— Je ne comprends pas très bien.

— Voici, fit Estelle. Nous dînons demain soir avec deux camarades très gentils, MM. Georges et Maurice Bridel, les fils du riche épicier de l'avenue de l'Opéra... Ils te connaissent et t'admirent beaucoup... Et ils nous ont chargées de te demander de vouloir bien dîner avec nous...

— Je suis flatté, très flatté, dit Saint-Gratien. Mais ce que vous me demandez est très grave... Le comte de Vice-Versa et le baron de Vapiano sont parfaits avec moi, et veulent bien me traiter en ami... Dans ces conditions, je me demande si vraiment je dois...

— Ah, çà! se rebiffa Estelle, pour qui nous prends-tu?... Messieurs Bridel ne sont pour nous que de bons camarades, et nous dînons avec eux en tout bien tout honneur...

— Ils sont très riches, c'est vrai, ajouta Loulou... Mais, Dieu merci, nous n'avons besoin de rien...

— Alors, dans ces conditions, j'accepté, dit Saint-Gratien... Je m'arrangerai avec Gavirot pour qu'il me fasse doubler... Seulement, c'est tout de même gênant de se faire traiter par des gens dans une situation de fortune beaucoup plus aisée que la vôtre... On ne sait comment leur rendre leur politesse...

— Oh! fit Loulou, on trouve toujours le moyen et l'occasion d'offrir quelque chose sans se ruiner...

— Je vais y songer, dit Saint-Gratien.

* *

Le lendemain soir, Estelle, Loulou, Saint-Gratien, Georges et Maurice Bridel étaient attablés à huit heures du soir au premier étage du Restaurant de l'Opéra.

Saint-Gratien, très correct de tenue et de manières, ne cessa, pendant tout le temps que dura le dîner, de tenir le crachoir. Il ne manquait pas d'esprit, et il connaissait quantité d'anecdotes amusantes, qu'il racontait avec bonhomie et saveur.

Quand on se leva de table, Georges Bridel dit à l'oreille d'Estelle :

— Il est charmant!

Pendant ce temps-là, Maurice Bridel, qui était en train de régler l'addition, disait :

— Eh bien, qu'est-ce qu'on fait ce soir?

— Si on allait à l'Alcazar? proposa Loulou.

— Va pour l'Alcazar, dirent les deux Bridel.

Dix minutes après, deux voitures de cercle déposaient les cinq convives devant la porte de l'Alcazar.

Pendant que Saint-Gratien aidait les

deux sœurs de Némorin à descendre,

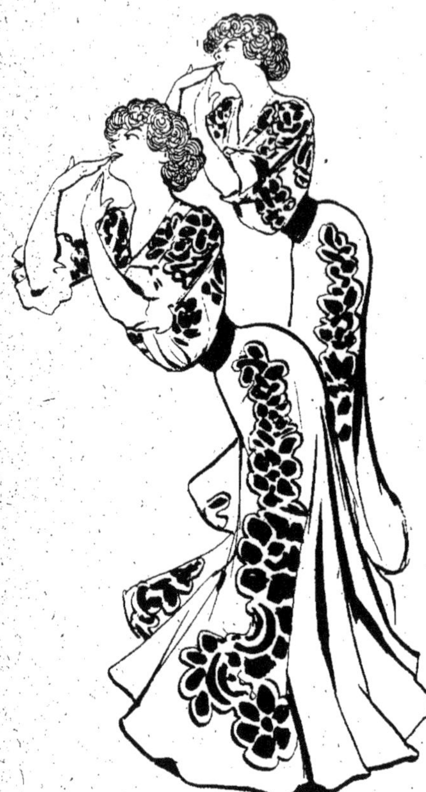

Georges Bridel régla les deux cochers, et Maurice partit en avant pour aller prendre une avant-scène. La soirée se passa ainsi d'une façon fort agréable, et Loulou s'amusa follement. Comme le rideau tombait et que l'orchestre jouait la retraite, elle s'écria :

— Et, maintenant, on va souper !...

— Bon, dit Georges Bridel... Et où va-t-on ?...

— Pardon, interrompit Saint-Gratien, c'est moi que cela regarde... C'est moi qui vous invite à souper...

— Toi ! s'écrièrent ensemble et avec surprise les deux sœurs.

— Monsieur Saint-Gratien, dit Maurice Bridel, nous ne permettrons pas...

— Je vous en prie, fit péremptoirement Saint-Gratien... Sinon, vous me désobligeriez...

— Dans ce cas, nous acceptons, répondit Georges Bridel...

— Et où nous mènes-tu ? demanda Loulou.

— Chez moi.

— Chez toi ! s'écria Estelle.

— Monsieur Saint-Gratien, nous allons vous déranger, dit Georges Bridel.

— Me déranger ?... Vous me ferez plaisir, au contraire... J'ai toujours un en-cas tout préparé chez moi... Dans notre métier, on est forcé de se restaurer, le soir, en rentrant... Tout est prêt... On n'aura qu'à s'asseoir...

— Eh bien ! et ta femme ? interrogea Estelle.

— Elle est à la campagne, dans sa famille... Vous êtes donc invités par un garçon... Seulement, je vous demanderai la permission de rentrer à pied... C'est délicieux de marcher à cette heure... Et puis cela nous mettra en appétit.

**

Georges Bridel et Saint-Gratien marchaient en avant, en fumant des cigares.

chez vous, alors que vous deviez rentrer seul...

— Ne vous inquiétez pas de cela, répondit Saint-Gratien. S'il manque quelques petites choses, je ferai descendre mon domestique... A propos, pouvez-vous me prêter un louis ?...

— Le voici, fit Maurice Bridel.

Tout en causant, on était arrivé de-

Derrière venaient Maurice, Estelle et Loulou.

— Il est charmant, votre ami Saint-Gratien, dit Maurice Bridel. Et je ne puis vraiment croire à cette histoire de pot-au-feu... Il s'est montré avec nous d'une correction parfaite... Je suis sûr qu'il a fait préparer un souper à notre intention.

— Ne m'en parle pas, répondit Loulou. Je ne le reconnais plus...

Quelques instants plus tard, le hasard de la marche avait réuni Saint-Gratien et Maurice Bridel, tandis que Georges s'était rapproché des deux petites Némorin.

— Vrai, monsieur Saint-Gratien, nous allons vous encombrer, dit Maurice Bridel ; nous allons tomber à cinq personnes

vant la porte de Saint-Gratien. Celui-ci sonna et précéda ses invités pour leur

montrer le chemin. Comme le gaz était éteint, il fit craquer une allumette. Puis, arrivé devant l'escalier, il se baissa et alluma le bougeoir qui l'attendait. Sur ce bougeoir, se trouvait une feuille de papier pliée en quatre.

— Tiens, qu'est ceci ? dit Saint-Gratien.

Et il lut à haute voix ces mots écrits au crayon : « Madame est là. »

— Ah !... ça, c'est de la déveine !...

— Ta femme est revenue ? demanda Estelle.

— Non, c'est ma petite amie... Mon domestique me prévient qu'elle est là-haut... Impossible de vous recevoir... Que de regrets !... Excusez-moi... Enfin, ce n'est que partie remise, n'est-ce pas ?...

Quand les quatre jeunes gens se retrouvèrent dans la rue, Maurice Bridel s'écria :

— Eh bien ! votre ami Saint-Gratien, vous ne savez pas ?... Il m'a tapé d'un louis...

— Moi aussi ! s'exclama Georges Bridel.

Les Bottes de Saint-Gratien

Mes affaires m'avaient amené pour deux jours dans la jolie petite ville de Rubis-sur l'Ongle.

Le jour de mon arrivée, après m'être curiosité. C'est, sans doute, le métier qui veut cela.

Le théâtre de Rubis-sur-l'Ongle était fermé. Cet état lui était, d'ailleurs, fami-

débarrassé des quelques visites et courses indispensables, je m'en allai flâner du côté du théâtre. On ne se refait pas. Dans quelque endroit que je me trouve, le théâtre est le seul monument suscep- tible d'exciter mon intérêt, d'éveiller ma lier, car il n'ouvrait ses portes que fort rarement. Les murs disparaissaient sous des affiches superposées, aux couleurs passées, et annonçant d'anciennes et lointaines tournées. Tout à coup, sur une bande d'un papier qui avait dû être vert,

je lus le nom de mon vieil ami Saint-Gratien. Ainsi donc, là aussi, il était allé vail-
lamment faire applaudir les chefs-
d'œuvre de notre répertoire. Cher et
infatigable Saint-Gratien !

En rentrant à mon hôtel, l'*Hôtel du
Levant et des Jeunes Carmélites*, j'avisai
le patron qui était en train de fumer sa

voir et d'applaudir le grand, l'illustre
Saint-Gratien.

— Saint-Gratien ! s'écria le patron de
l'hôtel en bondissant et en devenant tout
rouge. Ah ! la fripouille !... Ah ! le cochon !... Ah ! la crapule !...

— Vous l'avez donc connu ? interrogeai-je.

pipe, assis sur le banc de jardin en bois
vert qui se trouve à droite de la porte
d'entrée. Je m'assis à côté de lui.

— Il a été mon client... Quand je dis
mon client... Ah ! la vermine !... Tenez,
monsieur, il faut que je vous raconte
l'histoire... Elle en vaut la peine...

*
* *

C'était donc il y a quatre ou cinq ans.
Môssieu Saint-Gratien était venu donner
quelques représentations ici, et, naturellement, il était descendu à l'*Hôtel du
Levant et des Jeunes Carmélites*.

Ah ! le cochon !... Je vous assure qu'il
ne se refusait rien ! Monsieur ne daignait
pas user de la table d'hôte. Il lui fallait
des petits plats fins, du vin vieux, du
champagne. Moi, comme un imbécile, je
le poussais plutôt à la consommation, car
je me disais que ces grands artistes dé-
pensent l'argent aussi facilement qu'ils
le gagnent. Et puis, que voulez-vous, on
est bête. J'étais flatté d'héberger l'illustre Saint-Gratien, — ah ! la vache !

— Je viens d'avoir une heureuse surprise, lui dis-je. Je viens de découvrir
que votre ville a eu l'honneur de rece-

— de causer avec lui, de m'entendre traiter familièrement de « cher ami ». Je sais ce que cela m'a coûté !... Enfin !... Ce qui est fait est fait, n'est-ce pas ?... Et il n'y a pas à y revenir.

Un jour, je me rappelle la chose comme si c'était d'hier, il pouvait être dans les cinq heures et demie, six heures. Saint-Gratien descendit de sa chambre et vint s'asseoir à côté de moi, sur le banc, à la place même que vous occupez aujourd'hui. Oh ! il n'y a pas là de quoi flatter votre derrière !...

Il me dit :

— Monsieur Madurin, qu'est-ce que vous dites de cette paire de bottes ?...

Et il allongea les deux jambes, pour me la faire mieux voir.

— Superbes, monsieur Saint-Gratien, elles sont superbes... Ah ! l'on peut dire qu'elles vous font fin pied !... Viennent-elles de chez Maudru ou de chez Lestapis ?...

Maudru et Lestapis sont les deux meilleurs cordonniers de la ville... Ce sont d'ailleurs les seuls... Saint-Gratien se mit à ricaner.

— Ah ! ah ! vous voudriez bien savoir d'où elles viennent ? Eh bien ! devinez...

— Comment voulez-vous que je devine ?

— Cherchez, cherchez... Je m'en vais prendre mon apéritif... Cherchez, cherchez, mon cher monsieur Madurin.

Et Saint-Gratien partit d'un pas léger, en faisant craquer ses bottes neuves...

*⁎
⁎ ⁎

Sept heures venaient de sonner, quand je vis arriver Maudru, l'un de nos deux cordonniers. Il tenait une botte à la main.

— Bonjour, monsieur Madurin, qu'il fit comme ça... Est-ce que M. Saint-Gratien est dans sa chambre ?

— Non, monsieur Maudru, il est sorti.

— Il va rentrer ?...

— Il n'a rien dit.

— Comment !... Il n'a rien dit !...

Vous ne savez donc pas qu'il prend le train de Toulouse à sept heures et demie ?...

— Non, mais du moment qu'il le prend, il ne va pas tarder à rentrer pour demander sa note. Attendez-le et asseyez-vous.

— Ce n'est pas de refus, monsieur Madurin... J'ai tellement couru pour venir. J'avais tellement peur d'être en retard... Figurez-vous que M. Saint-Gratien

m'avait commandé une paire de bottes... Ce matin il vient pour les essayer... Vous pensez si je les avais soignées... J'y avais mis tous mes soins, tout mon art... Seulement, comme on dit, le mieux est souvent l'ennemi du bien... A peine lui avais-je passé la botte gauche, que M. Saint-Gratien se mit à pousser un cri : « Oh ! là là, celle-là me fait mal... Tenez, c'est là... Oh ! je ne pourrais pas la garder. — Je sais ce que c'est, que je réponds... C'est peu de chose à faire. On va vous arranger cela. — C'est, qu'il dit, que je pars ce soir pour Toulouse par le train de sept heures et demie. Ça sera fait à sept heures ? — A sept heures. — Bon, j'emporte la botte droite pour que vous ne me manquiez pas de parole. »

— Voilà qui est curieux, dis-je. Tout à l'heure, M. Saint-Gratien me faisait voir une paire de bottes toutes neuves qu'il venait d'acheter... Au fait, il les a peut-être prises chez Lestapis, pour être sûr de n'en pas manquer...

— Je le sais peut-être mieux que vous, répondit avec aigreur M. Lestapis, puisque je lui ai fait une paire de bottes qu'il est venu essayer ce matin... Même que la botte droite le faisait souffrir, qu'il m'a dit de la retoucher, et de la lui ap-

— Sapristi ! s'écria M. Maudru... Il est sept heures et demie, il a manqué son train !...

porter ici pas plus tard que sept et demie, vu qu'il prenait à huit heures l'express de Paris...

*
* *

Comme il disait ces mots, voilà que nous voyons arriver M. Lestapis, l'autre cordonnier. M. Lestapis, lui aussi, tenait une botte à la main.

— Bonjour, monsieur Madurin, me dit M. Lestapis... Est-ce que M. Saint-Gratien est là ?...

— Comment ! vous aussi, monsieur Lestapis ? m'écriai-je.

— Moi-même... Je viens apporter à M. Saint-Gratien une botte que je lui ai promise pour sept heures et demie au plus tard... Il doit prendre à huit heures l'express de Paris...

— Mais non, s'écria M. Maudru... A sept heures et demie, le train de Tou-louse...

M. Maudru et moi, nous nous regardâmes. Puis M. Maudru s'écria :

— Nous sommes refaits !...

— Hein ? fit M. Lestapis.

— Mais oui, mon cher confrère... Cette crapule de Saint-Gratien vous a escroqué une botte gauche et à moi une botte droite...Ça lui faisait la paire...Et maintenant il trotte avec nos bottes bien loin d'ici...

— C'est du propre, dit M. Lestapis... Et pas moyen de rentrer dans notre argent ?...

Alors je pris la parole :

— Rassurez-vous, messieurs...M. Saint-Gratien a laissé sa malle dans sa chambre... Il se peut qu'il ait été obligé de partir plus tôt qu'il ne pensait... En tout cas, si, d'ici à quelques jours, il n'est pas rentré, nous trouverons dans cette malle de quoi nous indemniser tous les trois...

Et, passant devant les deux bottiers, je les fis monter jusque dans la chambre de Saint-Gratien. Une malle large et cossue s'y trouvait. Nous la considérâmes avec joie... Elle nous redonnait confiance...

Pendant quinze jours, tous les jours, M. Maudru et M. Lestapis vinrent me voir pour me demander des nouvelles de Saint-Gratien. Il n'en donnait aucune, le misérable. Alors nous montions dans la chambre pour nous assurer que la malle était toujours là...

Au bout de ces quinze jours, nous obtînmes l'autorisation de faire ouvrir la malle. Nous fîmes donc encore une fois l'ascension des étages conduisant à la chambre de Saint-Gratien, Maudru, Lestapis et moi, accompagnés du commissaire de police et d'un serrurier.

A peine dans la chambre, Maudru se précipita vers la malle, et saisit une des poignées pour la soulever. La malle ne bougea pas.

— Cristi, s'écria-t-il, il y a des choses lourdes là-dedans... Chouette alors !...

Nous essayâmes chacun à tour de rôle de soulever la malle. Cela nous fut impossible. Que pouvait-elle donc contenir ?... Des lingots peut-être !...

Enfin le serrurier força la serrure et souleva le couvercle. Ah ! monsieur, la malle était vide, complètement vide... Ce veau de Saint-Gratien avait déménagé petit à petit et, sans que je m'en aperçusse, tous ses effets... pas un fétu de paille dans la malle... Seulement, le cochon, il l'avait vissée au plancher, oui, monsieur !...

Représentation de Retraite

— Encore vous ! fit avec humeur Gavirot, le directeur des Fantaisies-Absentes, en voyant pénétrer Marécat dans son cabinet. Vous venez encore pour votre pièce ?... Je vous préviens que...

— Tranquillisez-vous, répondit Marécat en s'asseyant. Je ne viens pas pour ma pièce... Vous ne voulez pas la jouer, vous ne voulez pas même la lire, bien qu'elle n'ait qu'un acte... Tant pis pour vous... Non, je viens vous voir, poussé par une pensée de pitié et d'humanité.

— Allons donc ! s'exclama Gavirot. Dans ce cas-là, asseyez-vous donc, mon cher Marécat...

— Je vous ferai remarquer que je suis déjà assis... Voici quelle est mon idée... Vous savez bien..., Saint-Gratien, que vous avez laissé partir, il y a trois ans, alors qu'il vous demandait de le garder à deux cents francs par mois ?...

— Saint-Gratien ne pouvait plus me rendre aucun service... Il avait été un acteur utile, rien de plus... Il commençait à perdre la mémoire... ma troupe en avait soupé... je ne puis conserver ici de non-valeurs... Si c'est pour un secours, voici vingt francs... Mais qu'il n'y revienne pas...

— C'est pour mieux que ça... Si on organisait, au bénéfice de Saint-Gratien, une représentation extraordinaire, quelque chose comme une représentation de retraite ?...

— Tiens, tiens.. Mais c'est une idée, cela... une idée généreuse, ajouterai-je même... Quel intérêt pouvez-vous bien avoir à me la proposer ?...

— Moi ?... Aucun... Le désir d'être utile à un vieil artiste... Le désir de vous mettre à même d'accomplir une bonne œuvre, sans bourse délier, tout en faisant à votre théâtre une réclame profitable... Je, suis sûr que nous réunirons les concours les plus précieux... Moi-même, je suis tout disposé à donner un acte inédit...

— Oui, oui, c'est une idée... une idée généreuse... Vous pourriez donner votre acte, celui dont je vous parlais tout à l'heure...

— J'allais vous le dire... Comme ça, vous seriez à même de l'entendre... Voulez-vous que je mette l'affaire en train ?...

— Oui... seulement, il faut me garantir mes frais... je ne demande pas mieux que de rendre service à Saint-Gratien et de faire parler de mon théâtre... mais je ne veux pas y être de ma poche... Ce ne serait plus de la bienfaisance... ce serait de la bêtise...

.*.

Quelques jours plus tard, un landau de louage déposait, devant une gentille maisonnette de Neuilly-Plaisance, Marécat, Mme Sarah Bernhardt, MM. Coquelin et Guitry.

Marécat, qui paraissait guider la troupe, tira la sonnette avec autorité. Une accorte soubrette vint ouvrir.

— M. Saint-Gratien? interrogea Marécat.

n'a aucune importance... Puisque le principe de notre représentation extraordinaire est admis...

A ce moment, Saint-Gratien, très droit encore malgré ses soixante-douze ans, vêtu d'un costume de piqué blanc, coiffé d'un large chapeau de paille, tenant à la main ses ustensiles de pêche, entra,

— Entrez, asseyez-vous, messieurs et madame... M. Saint-Gratien est allé à la pêche... C'est à quelques pas d'ici... je cours le chercher...

Les quatre visiteurs s'assirent dans une salle à manger claire et confortablement meublée.

— Dites donc, Marécat, claironna M. Coquelin... Mais ça ne sent pas la misère ici...

— Hum !... répondit Marécat... c'est la misère qui se cache...

— Qui se cache avec étalage, observa M. Guitry... Pour une fois que je fais de la philanthropie, je n'ai pas de chance...

— Vous voudriez donc voir ce pauvre Saint-Gratien en haillons, dans une cabane à lapins ! s'écria Mme Sarah Bernhardt... Moi, je trouve cette installation suffisamment misérable...

— D'ailleurs, conclut Marécat, cela

précédé de sa servante.

— Vous ! s'écria-t-il d'un air joyeux...

Quelle aimable surprise !... Mais passons donc au jardin... nous serons mieux... Marie, apportez des rafraîchissements...

Quelques instants après, tout le monde était assis, sous une tonnelle ombragée, autour d'une table où la bonne venait de déposer des verres, des bouteilles de bière et une boîte de cigares.

— Mon cher Saint-Gratien, dit Marécat en servant à boire à la ronde et en allumant un cigare, nous sommes au

courant de votre triste situation...

— Ah ! oui, mon départ des Fantaisies-Absentes... Oh ! il y a longtemps que c'est oublié... Au commencement, cela m'a fait quelque chose de quitter ce théâtre où j'avais vécu pendant cinquante ans... J'avais même offert à Gavirot de me garder pour presque rien... Mais, en somme, comme j'avais de quoi vivre, je me suis établi ici bien tranquillement... Je me suis mis à pêcher à la ligne... Je ne mets presque plus les pieds à Paris... Enfin, je suis très heureux.

— On dit ça, opina sentencieusement Marécat, et puis un beau jour on s'aperçoit qu'on est très malheureux... Je suis sûr, Saint-Gratien, qu'au fond vous êtes très malheureux. Heureusement qu'il vous reste des amis à Paris, moi, Coquelin, Guitry, notre grande Sarah, Gavirot...

— Gavirot ?... Il a donc besoin de moi !...

— Allons, je vois que, malgré la mauvaise fortune, vous êtes resté un homme d'esprit... Savez-vous ce que nous venons vous apprendre, mon cher Saint-Gratien ?... Tout bonnement ceci... Nous sommes en train d'organiser une représentation extraordinaire à votre bénéfice...

— Pardon, pardon, interrompit Saint-Gratien, mais je ne vous ai rien demandé.

— C'est justement pour ça; nous vous savons si fier... Gavirot prête son théâtre...

— Il ne manquait plus que ça !... Je

n'ai rien demandé, et je n'accepte rien... je n'ai besoin de rien...

— Allons donc, mon cher Saint-Gratien... on a toujours besoin de quelque

chose... Coquelin, Guitry, notre grande Sarah vous apportent leur concours... Nous aurons l'Opéra, l'Opéra-Comique, la Comédie-Française... Moi-même, j'ai écrit une pièce spécialement pour vous... Coquelin, Guitry, notre grande Sarah vous donneront la réplique... un rôle délicieux... cinquante lignes seulement, mais des effets tout le temps...

— Vous êtes mille fois aimable, dit Saint-Gratien... Mais vraiment je n'ai aucune raison d'accepter vos libéralités... Ayant largement de quoi vivre, je ne vois pas pourquoi je donnerais une représentation à mon bénéfice...

— Tout ça, c'est jouer sur les mots... on dira que c'est votre représentation de retraite, voilà tout...

— Mais enfin, pourquoi ?... pourquoi ?... Puisque je vous dis que je n'ai besoin de rien...

M. Coquelin crut que le moment était venu d'intervenir :

— Mon cher Saint-Gratien, nous n'avons pas à entrer ici dans des questions de convenances personnelles... Il y a une chose dont vous devriez vous rendre compte, c'est que Marécat vous offre de jouer dans une pièce de lui, c'est que vous la jouerez avec moi, ainsi qu'avec Guitry et notre chère Sarah, c'est que je... que nous nous sommes dérangés pour

venir vous apporter nous-mêmes notre concours... C'est quelque chose, ça...

— Mon petit Saint-Gratien, ajouta Mme Sarah Bernhardt, j'étais tout heureuse à la pensée de faire une bonne œuvre... Vous ne voudriez pas m'apporter une désillusion, n'est-ce pas, mon petit Saint-Gratien ?

M. Guitry ne disait rien. Saint-Gratien l'interrogea des yeux :

— Acceptez, allez, dit M. Guitry. Ça leur fera plaisir à tous...

— Vraiment, ça vous ferait plaisir, mais là, bien plaisir ?... interrogea Saint-Gratien. Eh bien ! j'accepte, mais c'est bien pour vous obliger.

— Allons donc ! s'écria Marécat, le cœur a parlé.

Et il alluma un second cigare. Puis, tout en se retirant avec ses compagnons, il n'oublia point d'inscrire, sur le calepin qu'il avait acheté pour marquer les

frais de la future représentation à bénéfice : « Landau, quarante francs. »

*
* *

Dès le lendemain, de grandes affiches, quadruple colombier, annonçaient au peuple de Paris la prochaine représentation de retraite de M. de Saint-Gratien.

En même temps, les courriéristes théâtraux commençaient, dans leurs journaux, une active et intéressante campagne d'amorçage.

On rappelait la longue carrière de Saint-Gratien, cet acteur modeste et probe, qui, pendant cinquante ans, avait occupé sans éclat, mais avec assiduité,

tique, toute de satisfactions passagères, toute de fièvre et de joies éphémères, bien rares sont ceux qui pensent au lendemain. Et le malheureux Saint-Gratien, au terme de sa carrière, se trouvait dans la gêne, presque dans la misère, une

les premiers emplois au théâtre des Fantaisies-Absentes.

misère dignement supportée.

Mais la famille artistique est une grande famille, et déjà, de toutes parts, on réunissait les bonnes volontés pour assurer du pain aux derniers jours du malheureux comédien. M. Gavirot, le jeune et intelligent directeur des Fantaisies-Absentes, dont l'activité n'avait d'égale que le cœur, prêtait son théâtre pour la représentation de retraite de Saint-Gratien. Tous les artistes des Fantaisies-Absentes tenaient à paraître au cours de cette soirée, qui devait apporter un peu de bien-être à leur cher camarade.

Saint-Gratien se ferait entendre pour la dernière fois dans une spirituelle comédie en un acte, écrite spécialement pour lui par M. Marécat, l'auteur applaudi de tant d'œuvres du plus pur parisianisme. M. Coquelin, M. Guitry et notre grande Sarah Bernhardt, dont on retrouve toujours les noms quand il s'agit

Mais, hélas ! dans cette carrière artisd'une bonne œuvre, lui donneraient la réplique.

Enfin, les principaux artistes de l'Opéra, de l'Opéra-Comique et de la Comédie-Française avaient promis leur concours.

En outre, pendant les journées qui devaient précéder la représentation, le bureau de location serait tenu, à tour de rôle, par nos actrices les plus jolies et les plus lancées.

*

Le grand jour arriva. La pièce de Marécat n'avait jamais été répétée. On avait envoyé son rôle à Saint-Gratien. Quant à ses trois partenaires, il avait été convenu qu'ils liraient le leur en scène.

Dès neuf heures, la salle était bondée d'une assistance nombreuse et choisie.

Le Tout-Paris des bénéfices était là.

A neuf heures dix précises, Marécat reçut la dépêche suivante :

« Impossible venir. Clair de lune superbe, très propice à pêche à épervier. Mille regrets. — SAINT-GRATIEN. »

Mᵐᵉ Sarah Bernhardt récita le *Vase brisé*.

M. Guitry détailla avec finesse une fable de La Fontaine.

M. Coquelin dit, avec sa maîtrise habituelle, la ballade des Pendus de *Gringoire*.

Et Marécat s'arracha les cheveux, à la pensée que, en ce qui concernait sa pièce, tout était à recommencer.

Pour la bonne forme, et la régularité des comptes, annonçons que Saint-Gratien toucha la somme de six mille six cent trente-trois francs quarante-cinq centimes.

L'Œuvre du moment agréable

Nous recevons de Mlle Estelle de Némorin, l'ingénuité bien connue, la lettre qui suit :

« Mon cher ami,

« Cette fois, c'en est fait. Saint-Gratien, le jeune premier toujours bouillant,

se retire définitivement, terrassé par l'âge et la maladie.

« Vous vous rappelez sans doute que, quand cet excellent artiste eut mangé la somme produite par sa représentation de retraite, il dut courageusement remonter sur les planches. Mais ce dernier effort devait avoir raison de lui. Aujourd'hui, Armand Duval, Perdican, Fortunio nous quitte sans esprit de retour.

« Vous savez que, dans notre carrière, on n'est guère prévoyant, Saint-Gratien, qui fut toujours, avec les femmes, d'une générosité exquise, se trouve aujourd'hui sans ressource. Il faut lui venir en aide, mais comment ? Comment obtenir des offrandes du public que tant d'autres œuvres charitables sollicitent de toutes parts ?

« Voici ce que j'ai trouvé.

« Pour ce délicieux artiste qui aima tant le sexe auquel j'appartiens, ne pourrait-on demander aux représentants de l'autre sexe une souscription de vingt francs, en souvenir d'un moment agréable ? Il n'est pas d'homme qui n'ait eu, une fois au moins dans son existence, un moment vraiment agréable, et qui ne serait heureux, moyennant vingt francs, de proclamer sa satisfaction.

« J'ai déjà fait part de cette idée à mon entourage, parmi lequel elle a obtenu le plus grand succès. J'ai immédiatement reçu plusieurs souscriptions accompagnées de lettres très flatteuses. Je vous serais très obligé de vouloir bien les publier, en même temps que mon appel. J'ai la conviction que vos lecteurs y répondront.

« Allons, messieurs, un bon mouvement, que les cœurs vibrent, que les

boursés se vident en souvenir d'un moment agréable !

« Je vous serre affectueusement la
main.

« ESTELLE DE NÉMORIN. »

⁂

Nous sommes heureux de nous asso-
cier à la charitable initiative de Mlle Estelle de Némorin, dont la bonté égale le
talent.

Nous nous empressons donc de publier ci-dessous les lettres qu'elle a déjà
reçues.

« Mademoiselle,

« J'ai éprouvé certes le moment le plus
agréable de ma vie, en vous voyant,
vêtue d'un simple et combien suggestif
pantalon, dans *Confidentiel*, la pièce de
M. Marécat. Ce moment m'a même coûté
vingt francs déjà. Mais j'aurais bien été
jusqu'à quarante. Je vous suis donc re-
devable de vingt francs. Je m'empresse
de vous les faire parvenir, en ajoutant
que pareille somme sera toujours à votre
disposition, même s'il ne s'agit pas d'une
œuvre charitable.

« Un de vos plus fervents admira-
teurs,

« X. Z. »

On ne saurait être à la fois plus aimable et plus discret.

⁂

Voici une lettre de M. Gavirot, directeur du théâtre des Fantaisies-Absentes.

« Ma chère amie,

« Les moments les plus agréables sont,
trop souvent, hélas! les plus courts et
les plus fugitifs.

« Te souviens-tu du jour où tu vins,
dans mon cabinet, pour me demander le
rôle de la commère dans la revue? Rôle
que je te promis d'ailleurs, mais que des
circonstances indépendantes de ma vo-
lonté m'empêchèrent de te donner. Tu
étais à peine restée un quart d'heure
près de moi, mais le moment avait été
vraiment fort agréable. Ah! si j'avais pu
tenir ma promesse! Depuis ce jour, ma
conscience n'était pas tranquille. Il me
semblait que je te devais vingt francs.
Je suis heureux de te les envoyer pour
notre pauvre vieil ami Saint-Gratien.

« Toutes mes bonnes amitiés.

« GAVIROT,
« Directeur du théâtre des Fantaisies-Absentes. »

⁂

En souvenir d'une promenade en fiacre et de deux billets de la loterie de

l'Association des artistes dramatiques.

Anonyme. . . . . 20 francs.

Je bénis une fois de plus cette jolie

main qui sait faire le bien sous toutes ses formes.

Anonyme. . . . . . 20 francs.

* *

Vous souvenez-vous du 17 juin, du 3 juillet, du 18 juillet et du 3 août (minuit et demi et huit heures du matin)? Ce sont des dates et des moments que je n'oublierai jamais.

Anonyme . . . . . 100 francs.

* *

En souvenir du jour où j'eus le plaisir de faire votre connaissance chez cette digne Mme de Moncey.

Anonyme. . . . . 20 francs.

* *

On ne saurait vraiment faire la charité avec une plus exquise discrétion. Faire le bien sans se nommer, sans y chercher l'occasion d'une réclame personnelle, n'est-ce point là le fait d'âmes d'élite?

Nous avons le regret de constater que tout le monde n'observe pas la même réserve, et nous sommes douloureusement surpris de trouver une signature aimée et jusqu'à présent respectée au bas de la lettre qu'on va lire.

« Te souviens-tu, mon Estelle adorée, des heures inoubliables que nous passâmes ensemble? Elles sont et elles seront longtemps encore gravées dans mon cœur.

Némorin ait cru devoir nous demander de publier cette lettre qui montre notre vénéré confrère sous un jour fâcheux.

***

« Je conserve, comme de précieuses reliques, les deux bagues, l'épingle et les cravates que tu me donnas, bien que je m'en défendisse, tu te le rappelles. Mais tu disais si gentiment que tu ne voulais rien me devoir! qu'il fallait que je ne manquasse de rien!

« Hélas! les meilleures choses n'ont qu'un temps. Pourquoi faut-il que tu aies appris que j'avais reçu une douzaine de mouchoirs de ton amie Lydia? Nous nous aimerions peut-être encore!

« C'est égal, je n'ai rien oublié. J'ai donc vendu le petit crayon, tu te rappelles, le petit crayon en or que j'avais un jour trouvé au fond d'un de tes tiroirs, et je t'envoie vingt francs pour ce pauvre Saint-Gratien.

« Ton ami qui t'aime toujours,

« ALPHONSE ALLAIS. »

Nous regrettons que Mlle Estelle de

En souvenir du jour où ma fille Estelle rencontra le comte de Vice-Versa.

Mme de Némorin mère . . . 20 francs.

***

« Mademoiselle,

« Dans la vie, il n'y a que des hauts et des bas.

« A vous, qui n'avez jamais connu que les hauts, j'envoie deux pièces de dix francs pour mettre dans vos bas.

« BÉRENGER, sénateur. »

***

« Madame,

« Vous souvenez-vous d'Emile, qui

était employé aux gants, alors que vous étiez vendeuse à la parfumerie ?

« Le succès, la gloire, la richesse vous ont peut-être fait oublier cette époque proche encore et pourtant si lointaine déjà.

« Le soir, le travail terminé, comme nous suivions le même chemin, je vous reconduisais jusque chez votre mère. On s'embrassait bien gentiment, et l'on se disait : « A demain ! »

« Mes hommages respectueux et reconnaissants à madame votre mère.

« GUSTAVE LEFOU,

« Chef de rayon aux grands magasins du *Goût parisien.* »

*
* *

La première souscription réunie par

« On faisait, tous les deux, des projets d'avenir. On avait bien envie de se marier ensemble. Mais, voilà, il fallait obtenir le consentement de madame votre mère. Et celle-ci refusait, ne voulant pas unir, comme elle disait, la faim avec la soif. On comptait sur le temps pour vaincre ses résistances. Et en attendant, chaque soir, au moment de se quitter, on s'embrassait de plus en plus gentiment. Si bien qu'un soir, on s'embrassa jusqu'au lendemain matin.

« Le jour qui suivit, vous aviez un journal à la main. Vous me dîtes négligemment que l'on demandait de jeunes et jolies femmes pour la revue du théâtre des Fantaisies-Absentes.

« Je ne vous revis plus.

« En souvenir d'un moment agréable, je vous adresse vingt francs pour l'œuvre que vous patronnez.

Mlle Estelle de Némorin s'élève donc à deux cent quatre-vingts francs.

Nous serons heureux de publier, à notre tour, les souscriptions que voudront bien nous envoyer nos lecteurs en souvenir d'un moment agréable.

Avant de terminer toutefois, nous devons publier la lettre que nous venons de recevoir de M. Saint-Gratien, le bénéficiaire de cette bonne œuvre.

« Monsieur le rédacteur,

« J'apprends que ma charmante camarade Mlle Estelle de Némorin organise une souscription en ma faveur, et je sais à quels sentiments elle fait appel pour obtenir des offrandes pour le malheureux artiste obligé de prendre sa retraite.

« Moi aussi, j'en ai eu, dans ma vie, des moments agréables ! Le dernier en date fut assurément celui que j'éprouvai le jour où j'enlevai Mlle Loulou de Némorin, la jeune et appétissante sœur de mon amie Estelle.

« Ce fut même à la suite de cette dernière prouesse que je dus penser à conserver, dans le calme et le repos, les restes d'une voix qui tombe et d'une ardeur qui s'éteint.

« Je viens donc prier ici Mlle Estelle de Némorin de prélever, en faveur des pauvres, sur le montant total de la souscription, une somme de vingt francs, en mémoire du dernier moment agréable de

« Votre reconnaissant et dévoué,

« Saint-Gratien. »

Table des Matières

IMPRIMERIE DESLIS FRÈRES, 6, RUE GAMBETTA, TOURS

www.ingramcontent.com/pod-product-compliance
Ingram Content Group UK Ltd.
Pitfield, Milton Keynes, MK11 3LW, UK
UKHW022048070726
13613UKWH00002B/722